女性の見識

神谷ちづ子

Discover

はじめに

女って、年を積み重ねて、ステキになるんです

中年の女が二人、居酒屋のカウンターで、ゆったり飲んでいた、とお思いください。店のオニーサンが、間違えて頼みもしない料理を出してくれそうになったんですね。

「あ～ら、サービスしてくださるの?」

と、だからオチャラけて言ったんです。年甲斐もなくかわいくね。そしたらオニーサン、あわててお皿引っ込めながら、実にニッコリ愛想よく答えましたよ。

「もっと、若い方だったらサービスしたんですけどねぇ」って。

「おっと、なにそれ」なんて、お互い笑ってその場は過ぎたんですが、あとになって、ちょいと、待てよ、と思ったものでした。

たわいない会話です。どうでもいい会話なんですが、でもその底には「若くなければ女としての価値は劣る」というような、世間一般に染み渡った、当事者である私たち女

ですら受け入れている、暗黙の了解がしっかりとあったということなんですね。

でも、そうなんでしょうか。おかしいでしょ、それ。

なってみるとわかるのですが、年をとるって、決してそう悪いことではないんです。自分自身を振り返っても、今のほうが世の中のことが見えているし、判断力も考察力もずっと鋭くなっている。人生経てきて、知識も増え経験も増え、目は肥え人間は円熟して、若い頃よりずっとイイ女になっている、って思いますもの。

こんなに粋な大人になっているというのに、しかし世間は「もう若いというわけではない」というその一点だけで、オバサンなんぞと呼んで、女ももう終わり、みたいな扱いをしようとする。

けしからんですよね。

まあ、確かに、女も何十年もやっていれば、シワも増えシミも出てきていますよ。いつまでも水滴をはじくような瑞々しい肌、というわけにはいきません。腰まわりにお肉もついて、白髪だって増えている。たくましくなって、めったに動じなくもなりましたから、可憐に見えることはないでしょうし、自信もついて、なんでもズバズバ言って、うるさい女と映ることもあるやもしれません。

でも、その程度の「オバサン的要素」は、いわば大人の貫禄。そんな瑣末《さまつ》なことで、人生の波を乗り越え成長し、いよいよイイ女になっている事実を、世間の思い込みや自身のあきらめの下に埋没させてしまって、いいはずがないんです。

ここらでいっちょ、女は大人の魅力で勝負するものよ、ってこと、証明してやろうじゃないですか。「女って、すごいね、年とればとるほどピカピカになっていくんだね」と世間をうならせてやろうじゃありませんか。

そのために何かが必要だとしたら、それは少しばかりの意識改革なのかもしれません。ほんの少し、工夫と反省と努力と発想の転換をしてみる。そうすることで、どうも世間からは見えていないらしい、私とアナタの〝イイ女っぷり〟は、今こそムクムクと表に現れ出してくるのではないか。

ここに挙げますのは、日頃気をつけなくちゃ、と思っている、マイ・努力項目です。自分でもなかなかできないことを人様にお伝えしようというのも、なんとも図々しい限りでありますが、何かのヒントにでもなれば嬉しいです……。

『女性の見識』目次

二章　日々の暮らしを充実させる

三章　いい人間関係をはぐくむ

四章　男女の仲を楽しむ

五章　胸を張って生きる

制作協力——NPO　企画のたまご屋さん

一章

外見と振る舞いに気を配る

いつも口元に笑みがある

電車に乗るとき、エレベーターに乗るとき、人間観察することにしているんです。申し訳ないと思いつつ、チラチラと。

テーマは「何が『ああ、オバサンって嫌だなぁ……』と思わせる要因なのか」「若い女と、若くない女はいったいどこが違ってきているのだろうか」。

これ、時に女の最大のテーマであるかもしれないですもんね。

で、そうやって観察してみる。オバサンって外出するとき、洋服もいいの、着てますでしょ。むしろ若い子よりもお洒落してたりする。マナーだって決して悪いわけではないですよ。日本のオバサン世代って、結構ちゃんとしているんです。ゴミは散らかさないし、お年寄りには席をゆずる。間違っても電車の中で化粧なんかしないし、エコバッグ持っていたりしますしね。マナー知らないのはむしろ若い子たちのほうですよ。

それなりに十分気を遣い、むしろリスペクトされていいはずなのに、なぜか存在自体からして疎んじられる私たち。なぜなんでしょ？

あるとき、わかりましたよ。世紀の大発見みたいに、これだ！　と思いました。無防備にたたずんでいるとき、たいていのやや年を経た女性たち、早い話がオバサン世代は、ムスッとした不機嫌そうな顔をしているんです。

誰のことよ？　なんて言ってはいけません。アナタなんです、そこのアナタ。ハイ、たぶん、私もなんですけれど。

知らず知らずのうちに口を「への字」にしているんですよね。それが、どうも中高年の女性をステキじゃなくしている。

年のせいで皮膚が垂れてきて、そういう顔になるのかもしれないし、ムスッとした顔をしているから、だんだん皮膚も垂れてくるのかもしれない。きっとその、両方の理由の「への字」なんだろうと思うのですけれど。

だいたい人生いろいろありますから、ノーテンキな顔なんかしていられやしないわけです。お互い、心配事、つらいこと、思い悩むこと、多々多々で、ヘラヘラ笑ってなんかいられませんよねぇ。人前ではそれなりに気をつけていても、ついボーッと考えているときなんかに、その人生の苦労が、表情に出てしまうのでしょうね。そして「への字」になってしまう。

一方で若い女性は、そういう場でも顔が楽しそうなんです。人生まだまだ、苦労していないのでしょう。顔の筋肉も、張っているのでしょう。

でも、顔が楽しそうだと、明るく見えるんですよね。明るく見えると、生き生きともしてくるんです。当然、印象もいい。

どうしたらいいのだろうかと考えました。

要は「常に穏やかな笑みを浮かべている」ようにすればいいわけです。

キュッと、口の端に力を入れてみる。とりあえず笑顔の口にはなりますもんね。それだけのことで、怖いオバサマ顔から、粋な大人のオンナ顔になるかもしれない。

と、大発見をしたつもりでいたのですが、世の中すでにいっぱいありました。口角を上げる訓練しましょう、というの。

モデルさんとか、接客業の人たちは、そんなセミナー受けたりもしているらしい。口角エクササイズとかもあるんですね。割り箸口にはさんで、口角を上げる体操もあるらしいし、口角を上げる器具まで売っている。

世間では努力していたのです。それもお金と時間を使って！　頬の筋肉がまだたるんでいない女性たちだって訓練しているんですから、筋肉衰えつつある我々がやらなきゃ、そりゃあ、への字になる一方なわけです。

で、やってみましたよ。もちろんベテラン主婦はお金なんかかけません。要は簡単なことでしょ、口をへの字にしなきゃいい。セミナー受けるまでもないし、器具なくたってできそうですし。

まず、鏡を見ながら割り箸を口にはさんでみました。ヘンです。いい年こいて、なにが悲しくて私ゃ、こんなことしているんだろう、って思いましたよ。

でも、頬の筋肉がキュッと締まるのがわかるんです。ああ、筋肉使ってなかったな、というのもわかる。

そして家でも外でも、気がつけば口の端、口角を意識してキュッと上げるよう、心がけてもみました。そうすると、確かに嫌でも顔が引き締まる。そして発見したのですが、口角を上げると不思議と目にも力が出るんですよね。どんよりしていた目が、カッと見開いてキリリとした印象になるんです。当人の勝手な想像なんですが、聡明な感じにもなっているのじゃないか。

本当かどうか知りませんが、口角が上がっている口、というのは開運の相の基本でもあるそうですよ。

ただ、この「口角をいつも上げておく」というの、決して楽ではないんです。物理的にも疲れるし、いちいち気になって面倒なことこの上ない。下手に笑顔を作ると、薄気味悪いオバサンに見えますし。

ふと「常に穏やかな笑みを浮かべている」最高峰って誰だろうと、考えました。こんな面倒なことをいつもしっかり上手に完璧にやっている大人の女性って、誰なんだろう、と。

美智子皇后なんですね。

私、二度ほどお目にかかったことがあるんです。一度は直接お話しさせていただき、一度は車から手を振って通り過ぎるお姿を、買い物袋下げて道端から拝見したのですが。いつ何時でも、静かな穏やかな微笑を浮かべられて……美智子様がエクササイズやるとは思えませんから、日頃からものすごく気を遣っていらっしゃるのでしょう。気楽に「への字」にもなれない生活。大変なお立場ですよね。

下々でよかったと思うばかりですが、下々なりにあの気品を少しぐらいは、真似たっていい……と思いませんか？

ふん、生活は厳しいし、世の中腹の立つことばかり。他人のために笑みなんか浮かべていられないわよ、とおっしゃりたいアナタ。

いいじゃないですか、わずかな努力で皇后陛下に近づくことさえできるのですもの。それに、努力は表情筋だけのこと。腹の底ではなに考えていたって、いいのですから。

背筋がスッと伸びている

人ってほら、会った瞬間に、分けられたりしますでしょ。おろそかに扱っていい人と、扱ってはいけない人と。そして今の世の中、腹立たしいですが、女というだけでおろそかに扱われる側に入れられてしまうことが多いわけです。それも、年とともに。

「どうせ、その辺のオバサンだろ」ってな具合ですよね。

わかってないんです、本当は怖〜い存在でありますのに。

でも、そういう中でときどき、「あ、この人はあだやおろそかに扱ってはいけない」と周囲に思わせる女性がいるわけです。

女優とか大政治家、お偉い学者などという、最初から「すごい人」のイメージでもって会う有名人にはもちろん多いですけれど、一介の無名の女性の中にも、なんだか妙にオーラを放っていて、存在感があるというか、華があるというか、凛としているというか、「ただ者じゃない」と思うしかない女性がいる。

いい人かどうか、とは別です。嫌な女かもしれないけれど、なぜかおろそかには扱っちゃいけない、一目置くしかない、とまわりに思わせる存在感。

それがなんだろう、とずっと考えていたのですが、あるとき、ォッと気がつきました。

姿勢がとてもいいんです。

背筋がスッと伸びていて、立ち居振舞いがキリリとしている。

そういえば世の成功した女たち、というのを思い出してみるに、まずはたいてい、姿勢がいいんですね。スッと自信ありげに立ってみせてくれる。胸をずんと突き出し、反り返ってさえいる。

もちろんたまには、姿勢の悪い「成功した女」もいたりはしますが、そういう女性はきっと、なにかの間違いで成功しちゃったのに違いないのです。

成功するべくして成功した女というのは、常に積極的に生きているからなんでしょうか、まずは間違いなく姿勢がいい。

一方で、「嫌だな、こんなふうに年をとりたくないいな」と思う、十把一絡げなその辺のオバサン像を思い出せば、これも間違いなく、姿勢が悪いわけです。たたずまいに緊張感というか締まりがない。猫背で、お尻は垂れ、膝を曲げ、しかし自分がそんな姿とは思いもつかぬ様子で、ペタペタ貧乏くさく歩いているはずです。

たとえば、国際空港のロビーなどでたたずんでいますでしょ。さまざまな人種の人々が行き交う中、「あ、日本の女が歩いている」というのはすぐわかるんです。

遠くからでも嫌になるくらい、すぐわかってしまう。

なんとも姿勢が悪いんですね。これって中高年女性ばかりではないです。若い人だって相当に姿勢が悪い。猫背気味に膝曲げて、ペタペタ歩いている。せっかく上等なお洋服着て、高級バッグを下げていながら、Tシャツ・安物ジーンズ姿の外国人さんに歩く姿から負けているのです。

ヨーロッパなんかのいわゆる「先祖が貴族でした」みたいな方々、いますでしょ。いまや家は落ちぶれて、貴族でもなんでもなかったりするんですが、なぜか不思議に堂々としていて気品と威厳がある。背中がピンと伸びていて、姿勢がとてもいい。

彼らのDNAがそうさせるのかもしれませんけど、子供の頃からそういう躾を受けるらしいです。だから、七十代八十代のお年寄りだって、杖つきながらでも、キュッとしている。そうすると、年だって十歳は若く見えたりするんですね。

これらは要するにどういうことか。

たいていの日本の女は姿勢が悪くて、おろそかに扱ってもいいように見えるけれど、スッと背筋を伸ばして姿勢をよくするというそれだけで、若くも見え、かっこよくも見え、気品と威厳も備わり、成功しているふうにも見える……ということなんですよね。

もちろん人間、成功すればいいわけではないし、成功すれば姿勢がよくなるわけでもない。

でも、どうせなら、成功できそうもない女に見られるより、成功しそうな女に見られたほうがいいに決まっています。粗末に扱われる十把一絡げな女より、はったりだろうと、「うっかりおろそかには扱えない」と思わせる女であったほうがいいし、世界の空港での立ち居姿で、他の国の女に負けない女であるほうがいいに決まっています。

そしてそのためには、ピンと背筋を伸ばし、スッスッと胸張って歩いてみる。それだけでいい。わずかそれだけのことでいいんです。

でも、ご存じでしょうが、実はこれが結構きついんですよね。少し気を抜くと、すぐに猫背になってしまう。土台の筋肉から鍛えないといけないようなんです。おろそかに扱えない女に見せる、というのも、なかなか大変です。

そういうことで私、ひそかに筋トレ始めています。あまり公言すると、みんながやり始めて、優位を保てなくなるので内緒にしておきたいのですが、ひそかにコツコツやっています。もちろん目的は、世界の空港でスッと立って、あるいはニューヨークのど真ん中に立って、見知らぬ他人から「彼女は女優だろうか？　それとも女実業家か？　なんか、ただ者ではないな」と思われること。

効果は……いまだまったくない、です。背筋ってのは、なかなかに手ごわい筋肉で、ちょっと油断するとすぐに衰えるくせに、そう簡単にはしっかりしてくれないんです。

それでも、コツコツとやっていこうか、と。「生き方の姿勢」なんぞという、ややこしい次元の話でなくて、ホントよかった、と思いつつ。

ときにはピンヒールも颯爽と履きこなす

ウォーキングシューズの普及には、目覚ましいものがあるのではないでしょうか。確かほんの数年前までは、スポーツ用品売り場の片隅に、ちょっと並んでいただけだったはずが、いつの間にか、デパートの靴売り場の、かなりのスペースを占めるようになっている。

そういえば、街行く女性の足元も、すっかりウォーキングシューズ化して、いまやパンプスのほうが少数派か？　という勢いです。

そりゃあ、そうでしょう。歩きやすいし、疲れないし、マンホールにはさまってかかとが折れるような心配もない。おまけに、値段もお高くはないし、これだったら一日一万歩の目標も達成できそうでもありますし。

普及して当然、むしろ、なんでもっと昔からなかったのか不思議なくらいです。女の足元の文明開化、高齢化社会の助け舟、天の福音といっても言い過ぎではないのだと思うのです。

ホント、ウォーキングシューズよ、出てきてくれてありがとう！　なのです。

ただ、ウォーキングシューズが、特にシニア世代の圧倒的支持を受けて今の隆盛に至った、という事実は、同時に、ウォーキングシューズの不幸でもあったのでした。

どうにも、ジジババくさい印象がある。生活の臭いがフンプンする。色気がないというのか、垢抜けないというのか。


思うのですけれど。

人は勝負するとき、あるいは「ようし、やるぞ」と気負い立つとき、いい靴を履いて出かけていくものではないでしょうか。

男だったら、下ろしたてのピッカピカに磨き上げた高級革靴。そして女だったら、キュッと形のいい高級ピンヒール。

歩きにくいし機能的ではないし、外反母趾になるばかりのピンヒールだなんて、女の社会進出をはばむ以外の何物でもない、と言いたい方はいるだろうし、実は私も思いますよ。

女の靴というのは、あまりに男の目線で作られてきたところがある、と言いたい人もいるだろうし、私もそう思います。

本当は、靴というのは歩きやすさで評価されて当然なのです。女が駅の階段も石畳も駆け抜けられる世界が正しい。

しかし、なのです。

それでも、あのピンヒールのスッとした優美さ。それを履く女の後ろ姿の艶やかさ。背筋を伸ばし、カツカツと細いヒールで闊歩するときに放つ色気と自信。そういうもろもろを、女である以上捨てたくないし、捨てちゃあいけないのじゃないか、とも思うのです。

キャメロン・ディアス主演の映画に「IN HER SHOES」というのがあります。In her shoes って、彼女の立場に身を置いて、という意味なんですってね。人間それぞれの生き方があるんだよ、という。足元を見るという言い方もありますが、靴っていずこでも重要ポイントなんですね。

この映画で姉役のトニ・コレットが、クローゼットにピンヒールの美しい高級靴をたくさんしまっているんです。買うだけで履きもしないのに、きれいに並べて。妹役のキャメロン・ディアスが（彼女、女の色気だけで世渡りしているあばずれの役なんですが）、姉の靴を勝手にボンボン履きながら言うわけです。

「靴なんか、履かなくちゃ意味ないのに」と。

それでも姉は、ときどきうっとりと眺めるだけで、地味な靴ばかり履いて弁護士の仕事に埋没した面白くもない日々を送っているのです。

ところが彼女、本当の恋を見つけるんですね。そうして、やおら靴棚から美しいピンヒールを取り出して、颯爽と出かけていく……。

美しい靴って、そういう魔力がある。

普段はいいんです。デパ地下をウォーキングシューズ履いて、疾風のように晩のおかずを買いそろえる女の姿なんてステキです。

でも、大舞台に立つとき、大舞台とはいかないまでも、いい女っぷりをアピールしたいとき、やはりとびきり美しいピンヒールを履いて臨みたいですよね。足元からキュッと意識して、背筋をスッと伸ばしカツカツ歩く。

こういうとき、どんなに機能的でも、ボテッとしたウォーキングシューズではいけないのです。華奢で艶やかでエレガントな、ピンヒールじゃなくてはいけない。理屈抜きで。

そんなこと言ったって、大舞台も小舞台も今さらないし、そもそも、すっかりウォーキングシューズのEEEサイズに慣れちゃって、今さらピンヒールなんて履けないわよ。目的地に着くまで、私の足が耐えられるわけがない。外反母趾だってようやく治ってきたというのに……と言いたい気持ち、よくわかります。そうですよね、履きやすいピンヒールがないのがいけない。

でも、そうだとしても、ときにはピンヒールも履きこなす女でいようじゃありませんか。マナーとか見栄えというよりも、心意気として。

そのためには、やはり日頃から履きこなしていないといけないのでしょう。

まずは、靴棚の奥にしまい込んだままの、とっておきのピンヒールを目につくところに置く。日々眺めていると「やっぱり、こういう靴を履きたいわよね」と思ってくるものです。どうせなら上等な靴にしましょう。上等な靴は履きやすいものですし。

そのあたりで、思いきってお洒落でエレガントなお洋服を買っちゃう。そして、なんとかそういう服を着ていく機会を作り出す。なんでもいいんです、友達とのランチだろうが、親戚の集まりだろうが。

で、ピンヒールを履く。我ながらステキなはずです。

目的地に着くまで耐えられそうもないなら、こういうときこそタクシーを使ったっていいんです。タクシー代はいい女の必要経費と思いましょう。あるいは、ちょっと情けない気はしますけれど、持って行って現地で履き替えたっていいですよね。何事も工夫です。

そうして、やおら履くのですよ。カツカツとモデル歩きしながら。

もしかして、その日誰からも誉められないかもしれない。「アラ、いい靴ね」なんて気づかれないかもしれない。ステキだとも言われないかもしれない。そしてきっと、ものすごくくたびれちゃうのだと思うのです。もう、こんな靴は二度と履きたくない、と思うくらいに足が痛くなっているに違いない。

でも、なんとなく、ホワンとした充足感があるはずなんです。「いい女っぷりだったわよ、私」というような。

そのささやかな満足を頼りに、ときどき履いて慣らしていく。ここでも鍛えた背筋がお役に立つことでしょう。やがて努力は実り、「ピンヒールを颯爽と履ける女」一丁上がりですよ。きっと。

ただこの際、ピンヒールを「履く」と「颯爽と履ける」の、大きな違いを認識しておくことが大切だと思われます。膝を曲げてヨロヨロ歩いているようでは、逆効果ですものね。

「私はいい女よ」と意識することが、ヨロヨロ歩かないコツ、らしいですよ。

ミディ丈のスカートは気合を入れてはく

最近、妙に気になるのですよね。どうも周辺に、ミディ丈のスカートをはく中年女性が増えている。

増えているどころか、いまや日本では、ズルンとした重ったるい暗色ミディ丈スカートというのが、オバサンの定番になっている気配すらあるのではないでしょうか。

もちろん若い女性だってミディ丈スカートをはいたりしていますが、そのミディ丈とはどうも雰囲気が違うのです。別の種類のミディ丈、というような。

なにしろ中高年の場合、目的はお尻隠し、足隠しであるわけです。

我が友たちもしみじみ言っています。

「そうなのよね、私もね、オバサンの定番だなぁ、と思いながら、ついつい愛用しちゃってるわ。だって楽だし、お尻の線も目立たないし、足も隠せるし、なんだか着ていて安心なのよね」

「私みたいに上下肥満になるとね、ミディ丈スカートはお出かけのときのお助け服よね。ズルンと野暮ったく見えるデメリットよりも、太って見えないほうが優先なのよ。ミディ丈、大賛成！」

色っぽく見せましょ、が目的の若い子たちのミディ丈とはしょせん、目的も意気込みも違うのです。雰囲気が違ってくるのも当然でありましょう。

しかしどうにも、重ったるくはないですかね。なんとも垢抜けないような気もしますし。

こういう格好のオバサン集団が、道いっぱいに広がって、おしゃべりしながらモタモタ歩いているのに出くわすと、「マズイ、よけて通ろう」と思うのだと、若い男の子も言っていました。

中高年型ミディ丈スカートには、今のところ「颯爽」「軽快」のイメージが欠落している……。

話は変わりますが、しかも人様にはどうでもいいことでありましょうが、私はパンツ覚なんです。念のために言っておきますが、パンツといっても下着のショーツではないですよ。かつてはズボンといった、今のパンツ、ですよ。

最近は珍しくもなんともないですが、二十数年前、私が初めてそのパンツをはき出した頃は、冷ややかな目で見られたものでありました。

「そんなのはいていると、変な人だと思われるわよ」

「はくのは勝手だけれど、ちゃんとした場にははいてこないでね」

パンツはきちんとした場ではくものではない、だって前身はモンペでしょう、作業着でしょう、ちゃんとした場にはいてくるなんて、相手に失礼よ、というわけです。

しかし、私ははき続けました。どんなに批難を浴びようと、無視してはき続けたのです。足の形に自信のない私（早い話、足が太い）には、うってつけの洋服だったし、なにより機能的で快適だったですものね。

動きやすいし歩きやすいし、冷えないし、そもそもなによりかっこいい。だいたい、スカートがよくてパンツがいけない理由なんてどう考えても思い浮かばないじゃないの、と。

だから忘れもしない一九九八年、バーミンガム・サミットの会合で、世界のトップレディが並んでいる写真を見て、私は喝采したものです。トップレディ七人のうち四人もの方が、パンツ姿で写っていたのですから。

ほうら、見なさい、世界はここまで来ているんじゃない。パンツは変な人がはくものでも、きちんとした場ではいてはいけないものでもゼンゼンない。世界のトップレディがサミットという最高にフォーマルなハレの舞台の服装として、選択しているのですから。

パンツ愛好家の地道で前向きな不屈の日々の努力が、ようやく実を結んだことを知った瞬間でありました。

そうしていまや、誰もが知るように、パンツはキリリと働く「できる」女の象徴とさえなっているわけです。皇室の方々だって、なにかとお召しになっている。おかげで、より形のいいお洒落なパンツがどんどん市場に出てきて、パンツの認知度は上がるばかりなのです。

どうだ、ってなもんでありましょう。

さて、話を戻しましょう。じゃあ、ミディ丈スカートは、これからどうなるのか。オバサンくさいウェアとして、なんとなく避けられ疎んじられ、衰退していくのでしょうか。あるいは優雅で洗練された女が着るお洒落なものへと変化し、広がっていくのでありましょうか。

それはひとえに今愛用している女性たちの、気合にかかっているのだろうと思うのです。

太くなったお尻隠し足隠しのために、多少オバサンくさくても私ははくわ、ではなく、機能的だしお洒落だし、かっこいいでしょ、と胸を張って着用する。

誰がなんと言おうとステキでしょうが、オトナな女はこうやって着るのよ、どうよ、ご覧なさい！　と、そういう自信と確信をみなぎらせてはく。はったりでもなんでも、胸を張ってはく。そうすれば、もしかしてミディ丈スカートも、ある日若い子から「私も早く、似合うようになりたいわ」と憧れられるファッションとして、定着するかもしれないのです。

「とにかく、楽なんだもん、すたれちゃ困るわ、認知してもらわないと」

とひそかに思っているアナタ、頑張れ頑張れ！

頑張れ、ミディ丈スカート愛用派！　なのであります。

爪と髪のメンテナンスを怠らない

オバサンとは呼べないステキな女性の要素って、なんだろうね？

と、いろんな人に聞いて回っています。

「ともかく、デブじゃないことね」

と即座に言ったのは、独身でバリバリキャリアの、年齢的にもかろうじて「私は若い側よ」と言い張るだろう女たちでありました。

「ううん、太ってたっていいのよ」

と言ったのは、もう年齢的には完全にオバサン世代で、少し腰まわりの贅肉が気になっているはずの女たちでした。じゃあ、彼女たちの言うステキな中高年とはどんな人なのかというと、

「爪がきれいに手入れしてあって、髪もいつもきちんと整えている人には、参りましたって思う」

のだそうなんです。

銀座のバーのママ風、あるいは上流階級の奥様風、というのでしょうかね。

そういえば、と思いました。

私、ブラジルはリオデジャネイロに住んでいたことがあるのです。あの、リオのカーニバルで有名な海辺の街。貧乏人もたくさんいるけれど、ブラジル中の金持ちも集まっている街、です。

行って間もない頃、先輩夫人から、

「これだけは気をつけないといけないわよ」

と釘をさされたことがありました。

「どこかへお呼ばれしたときには、必ずきれいにマニキュアしていくこと。ここのちゃんとした婦人の世界ではそれが常識なんだから」と。

へぇ〜、と思いましたね。お土産を忘れないことではなく、きちんと挨拶することでもなく、マニキュアすることなんですもの。

「マニキュアしてないと女として恥なんだから。見下されちゃうからね！」

こちとらそもそも爪のお洒落だなんて柄でもないし、マニキュアって、せっかく塗ってもちょっと台所仕事をすればすぐにはげてしまうわ、爪は傷むわで、私は嫌いなんですけれど、恥だと言われてしまいますとね。まあ、そういうわけで私なりに下手なマニキュア塗って、気をつけはしたのですが。

ブラジルって、女はうんと女っぽく、という価値観が強く支配しているところがあるんですね。それはいくつになっても衰えないようで。年いっても、お乳見えそうなドレス、大好きですしね。スタイルブックから抜け出したようなふっくらとした豊かな髪をこれ見よがしにかき上げて……なんて女性、ゴロゴロいましたっけ。

たいていの家にはお手伝いさんがいて、料理も家事も子育てすら、ろくにしないいいご身分だから……って、ひがんで見てましたけれど。

もっとも日本の女性だって、負けちゃあいない人、いっぱいいます。

テレビのインタビュー番組に中村メイコさんが出ていたのですが、七十を過ぎた彼女の、白いフレンチネイルの手がステキでした。もちろん女優さんですから、テレビに出るときにマニキュアするくらい、当然なのかもしれませんが、お年を召してもきれいにマニキュアしてある手ってのは、優美なものなんだと思いましたね。

もうひとつ。我が友人に寿司割烹の若女将がいまして、若女将と聞けばなにやら艶っぽいですが、現実はそんなものではなく、毎日エプロンかけて髪振り乱し働いています。その店には大女将がいて、彼女のお姑さんなんですが、もうすぐ九十歳になるお年ながら、ほとんど毎晩、きれいに髪を結い上げ上品な着物を着て、お客様に挨拶に出てこられるのです。はつらつとして、とても九十には見えません。お客もまた、そう言って誉めますでしょ、それが張り合いになり、ますます艶々と若やいでしまうのだそうです。

かわいそうに我が友は、

「義母が引退しないから、私はいつまでたっても、若女将から昇格できない」

と泣き言を言ってます。義母はいいわよ、毎週美容院行ってきれいにしてもらうんだから、って。五十代の女ざかりが九十歳に負けそうになっている。

もっとも人のこと、面白がっているどころではないんです。私の友人に、高級ネイルを施して、いつも美容院に行きたて、みたいな髪でいる女がいます。独身なもんで、炊事もそんなにしないのでしょうね。美容院に行く時間もたっぷりあるのでしょう。

でも、彼女と一緒に行動しますと、見栄えでドーンと差をつけられてしまうんです。ほとんど同い年なのに、向こうのほうがずっとステキな女に見られている！

若い女性からすら「きれいな爪ですねぇ」なんて、見とれられたりして。

私のほうが、家事も一生懸命やり、気も遣い頑張っているのですけれど、でも、髪はボサボサで爪もスッピンの深爪で……というそんなところで、完全に負けちゃっているんですね。なんなのよ！　と思いますよね。そんな瑣末《さまつ》なところで、女の差をつけられるわけ!?　って。

でもね、不満ですけれど、きれいな手とふっくら整った髪。確かに宝石よりも美貌よりも、女の強力な武器となるのかもしれません。

しかし。常にマニキュアきれいに塗って、毎週のように美容院に行くなんて、よほど特別な環境じゃない限り、できるわけがない！　と、フツーの女の私たちは思いますよね。

夕飯一回作るだけで、マニキュアなんか簡単にはがれてしまうし、一〇円二〇円を節約して家計を守っているというのに、美容院で一万も二万も使えるわけがない！　と。

本当にその通りですよ。

そんな時間があったら、ボランティアするとか介護の勉強するとか、もっと有意義に使いたいわよ、という意見も、その通りだと思いますよ。

でもやっぱり、ステキに映るなら、そりゃあ、映ったほうがいいわけです。「こぎれいにしている」と言われるほうが、「ゼンゼンかまわない」と言われるより素直に嬉しいですし。

車も家も家具も、古くなればより丁寧なメンテナンスが必要なように、女も年いくほどに、より丁寧なメンテナンスを施すべきなのかもしれません。家具なんか新品より、手入れのいいアンティークのほうがずっと美しいでしょ、女もきっと一緒なのです。

お金をかけなくたって、その気になれば多少のケアで、髪も手もぐんときれいでいられるわけですし。週末だけ軽くマニキュア塗るのだっていいし、いいシャンプーとリンスを使って、いつもサラツヤヘアーでいる、というのだって、十分にステキです。

そういうことで、私はまず手始めに、指先のマッサージから始めています。もちろん自分でやるんですけどね。ついでに頭皮のマッサージもして薄毛の予防をし、美容院へ行く周期も、少し頻繁にしました。

しょせん、その程度のことですが、こんな小さなところで差をつけられたりするのですから、やれるところで、メンテナンスしておきませんと。

美しい髪と手を保つコツというのは、手間とお金もさることながら、まずは「もう、今さらどうでもいいんじゃないの」という社会の思惑と我が身のあきらめを跳ね返し、「いんや、とことんメンテナンスするわ!」という強い意志を持つこと、だそうですよ。

実は下着にお金をかけている

前の結婚は失敗だったけれど、次は絶対に間違いない夫を手に入れるわ、と意気込む、まじめな友人が言っていました。

「うっかり間違いを起こしちゃいけないな、と思うときは、ヨレヨレの、もう捨てようかと思うような下着、はいていくことにしているの。そうすればどんなに酔っ払っても、間違いは起こさない」

なるほど、と思いました。

勝負下着もあるけれど、逆もあるんですね。映画「ブリジット・ジョーンズの日記」で、ブリジット役のレニー・ゼルウィガーが、憧れのヒュー・グラントとデートするシーンがあります。トントン拍子にことが運んで、彼の部屋に誘われるんですね。でも、ハッと気づいて彼女、モーレツにあわてるんです。その日、そういう事態になるとは思わず、巨大な補正パンツをはいていたものだから。

勝負の機会があるだけ、うらやましい話ですよね。

でも、と思うわけです。勝負のときってのは、誰でも気合を入れるもの。女としての質がわかるのは、その手の勝負の機会も可能性もないときにいかにするか、ではあるまいか。


五十代・独身貴族の友人と旅行したときのこと。旅の半ば、洗濯してホテルのバスルームに干した彼女の下着の数々を盗み見て、ショックだったことがありました。どれもこれも、名前を聞けば「ああ!」と納得する高級下着メーカーの、素晴らしく美しいレース使いのショーツだったんです。

女二人の旅に、ですよ。それも、全部なんですよ。あれま、彼女っていつもこんなに美しい下着を身につけていたんだぁ! と私は感動し、なぜか敗北感を噛みしめました。なんというか、女としての品質の差を見せつけられたような気がしたのです。

ふと、温泉の脱衣場で目にしたおばあさんたちの、洗濯袋のような、らくだ色の巨大なズロースを思い出しました。

こんなズロースを売っているんだ、ということにも驚きましたけれど、年とっていく、ということの現実を目の当たりにした、というのでしょうか。こうやって人は下着にかまわなくなってしまうのだろうか、あの巨大なズロースの世界へ私もズルズル移行していくのだろうか、と絶望感で気が遠くなるような思いをしたものでした。

それは、嫌だ。それじゃあ、あまりに悲しすぎる！　そう、切実に思いましたっけ。

そんなこんなで、少し上等な下着を身につけるようにしています。

アンタの下着なんて、どうでもいいわ、とお思いでしょうが、まあ、ちょいと聞いてください。

少し上等といっても、今でもバーゲン品です。これまで三〇〇〇円以下と決めていたブラジャーが、六〇〇〇円までOKとなり、一〇〇〇円以下としていたショーツも二〇〇〇円まで なら買っていいと幅を広げた、というその程度です。「冷えるかも」などとついつい地味な、でもおへそのところまでたっぷりある綿のショーツに行きそうになる手を、レース使いの華やかなショーツに向けるようにした、というその程度です。

たかがその程度でも、なんだか、嬉しいんですね。たんすの引き出しが、次第に華やかな色彩にあふれるようになっていくのも、心浮き立つ気分なんです。

そうやって、華やかで美しい、上等な下着をつけて街に出ますでしょ。

デパートの高級品売り場を歩くときも、

「ふん、アンタ方は、どうせ高級品には縁のないオバサンが歩いていると思っているでしょうがね、下着は高級品を身につけているんだから」

と何の根拠もなく、気分がいいんです。

温泉行って着替えるときも、結局誰も見てやしないのでありますが、

「フフ、同じオバサンに見えるだろうけれど、アンタ方と違って私は、お洒落な下着を愛用しているんだから」

と一人ほくそ笑むことができるわけです。

男友達と会うときも、

「キミたちは、その辺のオバサンが目の前にいるとタカをくくっているのだろうけれど、お生憎さま、こっちはセクシーな下着を身につける、思いっきり色っぽい女なのよ。

お見せできなくて、残念でした」

とひそかに高みに立てるんですね。

誰も見ていないところにお洒落をする。お洒落というのはこういうことなのよ。私ってイイ女よねぇ。これこそ洗練されたオトナの女の美意識ってものよねぇ。どうよ！ってなもんなのです。

わずかな投資です。それでこんなに得意な気分に浸れ、女としての自信まで出てくるのだから、お安いものでありましょう。

しかも、やっぱり上等な下着はつけ心地もいいんですよね。物理的にもいい気分なんです。なにかのアンケートで、気分を一新したいとき、リフレッシュしたいとき、下着を新調する……というのが出ていました。なるほど、そうかも、とも思います。

どうせ、誰にも見せることないんでしょ、勝負するチャンスなんか今さらあるわけないし、だったら、おヘソのところまでくるたっぷりした、温かい下着のほうが健康のためにもいいのよ、なにを下着なんかに気取ってるのよ……と、それでもアナタは思うかもしれない。

そうなんです。朝、身につけて家を出て、夜戻って脱いだ下着を洗濯機に放り込むまで、誰一人にも見せびらかせず、結局、誉められもせず、喜ばれもせず、感動もされずに終わるのが関の山、ではあるのです。下手すると、誰の目にも触れぬまま、その美しい下着と美しい下着を身につけた我が姿は、終焉を迎えるかもしれないのです。

でも、その少し悲しいところが、なんとも切なくて美しい女の粋なのだと、思う我が身って、悪くはないと思いませんか？

二章

日々の暮らしを充実させる

得意料理が三品ある

「持ち寄りパーティー」というのを、よくしたものでした。お互いの負担も少ないから気軽に開けるし、各人の得意料理を賞味できますし、なかなかに楽しいひとときとなりますからね。

「じゃあ、私はいつものナスの煮物とタイ風サラダ、作っていくわ」

「それなら私はちょっと面倒だけれど、オニオンパイでも作っていくかな？」

「マチコには、お得意の押し寿司、頼むでしょ。サチエはまた、新しいメニュー用意するだろうし。問題はミサトね、アイツ、何作っても不味いからなぁ」

楽しいのですけれど、ある意味厳しい世界でもありました。うっかりつまらない料理を用意してしまった女は、他のメンバーから手厳しく切り捨てられたのですから。

「信じられない！　どうしてあんな不味いもの、平気な顔して作ってくるんだろう」

「想像力がないのよね、普段いったい何食べているのやら」

さすがに正面きっては言われないのですけれど、陰ではボロクソにけなされ、見下されたのです。ダメ女の刻印をしっかり押されてしまう。

他方、テキパキと身軽に美味しい料理を用意してみせれば、

「あの子、気が利かないと思っていたけれど、結構ちゃんとやるじゃない」

と見直され、認められるのでした。

女の踏み絵ですよね。怖い世界です。でも、そういう厳しい世界の土台には「料理の下手な女なんて話にならない」という、暗黙の、しかし揺るぎない合意が横たわっていたからなのだと思うのです。

反感を覚悟であえて言わせてもらえば、やっぱり「料理の下手な女は、ダメ」だろうと思うのです。

なんで女なのよ、じゃあ、男はどうだっていうのよ、と反論もあるでしょうが、それはここでの論点とは違うので、ちょっと置きます。

ここでいう料理上手とは、「合鴨のオレンジソース煮」を作れることではないのです。

「蕪饅頭の湯葉巻き・しめじの餡かけ」ができなくたっていいのです。冷蔵庫を開け、さて、今晩は何にするか、としばし考えを巡らし、その辺のもので二品三品、すばやく作っちゃう、という料理上手のことです。定番の肉ジャガを作れば、ジャガイモがほっくりいい味に炊けている。サラダを作れば、野菜はシャキシャキと瑞々しく、ほんの一味工夫がある。その程度の、身近な、誰でもできそうな料理上手のことです。

作る料理が美味しいということは、美味しさがわかっている、ということでありましょう。そういう感性がよどんでいないということであり、正しい味覚と美意識がある、ということでもあるんですね。

ほんの少しの心遣いで、料理はいくらでも美味しくなるものだ、ということがわかっていることでもありますし、そういうちょっとした手間を惜しまない、ということでもあるわけです。すなわち怠惰じゃない、ということであり、なんでも美味しく食べようというセンスがあることでもあり、さらには美味しいものを食べてこそ人生だ、という絶対的な価値観がわかっている、ということでもあるのです。

そういったもろもろは、一見ややこしそうに思えるものの、生きていれば嫌でも身につくはずのものなんですよね。生まれながらの「才能」なんか必要はなく、少し頭を働かせて、少し感性を鋭くしていたら、誰でもものにできることなんです。それが欠落している女なんて、およそつまらないダメ女に決まっている……と、そりゃあ、人は思うわけです。

よく「女は美しければいい、料理なんてできなくてもいい」と豪語する男がいたりしますけれど、おバカな男です。料理ができない、ということは、センスがなくて、つまらない、ってことなのにねぇ。

まあ、もっとも、あんまり厳しいことを言っては、これまで何十年も「料理下手」で来てしまった人は身もフタもない、困っちゃいますよね。

「なんと非難されようと、下手なんだし、そもそも興味ないもん」

でありましょうし。

身内の話で恐縮でありますが、私の祖母は、ゼンゼン料理上手な人ではなかったんです。でも、不思議と料理上手のような印象があったのですね。なぜかというと、サバの押し寿司とポテトサラダだけは妙に得意だったから。

今から思うとその二つだけだったんです、祖母の作る料理で美味しかったのは。でも私たち家族は、たまに作ってくれるサバ寿司とポテトサラダの印象が強かったせいか、「おばあちゃんの料理は天下一品！」なんて思い込んでいました。多めに作ってお裾分けなんかするものだから、近所の人からも、

「お宅のおばあさまのサバ寿司、ホント、よそでは食べられないわ」

などとオベンチャラ言われたりもしましてね。祖母のほうも、やたらもったいぶったりして、

「じゃあ明日、特別に作ってあげるから、楽しみに帰ってらっしゃい」

なんて言ったりして。

得意料理がある、というだけで、家族の中に君臨できただけでなく、「もしかして料理がうまいのかも」という錯覚さえ、植えつけることができたのです。わずか数品あるだけで。

世の中なんてそういうものなんですよね。とりあえず、なにか得意料理を持つ。それだけで、「料理が下手なダメ女」というレッテルを貼られることなく、上手に女の世界の踏み絵をクリアするのみならず、うまくすると「口が達者なだけでなく、料理も達者なんだ」という、世間の思い込みを勝ち得ることも可能となるのですから。

その際、一品二品じゃ、すぐにも底が見えてしまう恐れがありますから、最低限三品あるといいかもしれません。三品ぐらいならどんなに不器用な人でも、なんとかなるでありましょうし。

そしてその得意料理を、なにかにつけて、思いっきりもったいぶって披露するわけです。

「ほうら、あなたたち、よそじゃあこれは食べられないからね！」と。

そのとき重要なのは、作り方を聞かれても、

「そんなの、か〜んたんなのよ」

とにこやかに言いつつ、大事なコツだけは絶対に教えないことでしょうか。なんだ、こんなに簡単だったの、と悟られるのも不本意でありますし、みんなが作るようになっ

てしまったら、何の特権もなくなってしまいますものね。

そして、

「料理上手な女性って、いいですよねぇ」

などと誰かが口を滑らせたりする機会を逃さず、

「まあ、聡明な女は料理がうまい、とそういうことかな」

なんて軽くうそぶいておくことですかね。

そのとき、ちょっと髪をかき上げながら面倒くさそうに言うと、料理が得意な女の傲慢さが出て、よりもっともらしく映るかも……です。

バーゲン会場で走らない

質屋のバーゲンというのがあるようです。いつ頃から始まったのか知りませんが、広大な会場に、東京中の質屋が品を持ち寄って一挙に大バーゲンしましょう、という催しだそうです。

高級ブランドバッグや宝石や時計が、これでもか、と山に積まれ、客は前の晩から待機したりして、このときとばかり争奪戦を繰り広げる。一番人気はルイ・ヴィトンだそうで、客は開場とともに一斉に走り出し、目的のヴィトンの山に駆けつける。手当たり次第に五つも六つもバッグをつかみ、あるいは奪い取り、まずは確保した上であとからじっくり選別するというのが、コツなんだそうです。

この争奪戦の様子は毎回テレビで報道されますが、私はそれを見るのを、とても楽しみにしているんです。もう何度も見ているのに、

「おうおう、やっとる、やっとる」

とその都度、ワクワクしてしまう。

ここには、みっともなかろうが、かっこ悪かろうが、「お安く高級品を手に入れる」という明白な実質を取る、女の毅然としたポリシーがあるわけです。「なんだか、かっこ悪いし」と言って、道をたずねることもろくにできないような世の男どもに比べ、よほど生き生きと人間らしい生活観がある。女ってたくましいなぁ、と感動さえしてしまうんです。


ただ、ここには同時に、ほんのわずかな差、紙一重の差で、すさまじいなぁ、とてもついていけないなぁ、と人に思わせてしまう危うさも、十分にあるわけで。

それは勢い余って「はしたなさ」があからさまになってしまうとき。テレビが毎回、面白がって報道するのも、その「はしたなさ」見たさなのでありましょうが、お互い、そんな隙を見せぬよう、気をつけたいものだと、これまたテレビを見ながら思うわけです。

みっともないのはいい。かっこ悪くてもいい。でも、はしたないことは、人間やめておいたほうがいい。

じゃあ、その差はどこにあるのでありましょう。どこまでがみっともなくて、どこからがはしたないのか。

バーゲン会場にいる姿をテレビに映されるのは、みっともないが、はしたなくはないですよね。列を作って並んでいるのは、かっこはよくないが、はしたなくはない。でも、我先に駆け出すのは、ちょっとはしたない。バッグを奪い合うのも、当然はしたない。早く行かないといいものを取られちゃう恐れがあるわけですから、気持ちが急くのは十分わかりますが、そこはそれ、意地でも「いいのよ、しょせんこれもお遊びよ」と、駆け出さないで悠然と歩いていく。

大人の器量の見せ場というのは、そのわずかな差を感知し、「はしたない」ほうへ行かないことでありましょう。

スーパーのレジの外にある、あの自由に取っていいポリ袋。あれは案外に役立つキッチンの必需品ですが、いくら必需品だろうと、グルグル巻き取って十数枚も持って帰ったら、これははしたない。

オトナな女だったら、さして必要なくても肉のパックを入れたり、豆腐のパックを入れたり、野菜を入れたりの手間かけて、数枚いただいて帰る。見る人が見れば、こちらの意図はバレバレで、間違ってもかっこいい行為とはいえないですが、一応は「持ち帰りに必要だからいただくわ」という姿勢になり、少なくとも、はしたないことなくポリ袋ゲットにたどり着く、となるわけです。

ホテルや旅館に置いてあるアメニティーグッズ。いくら「ご自由にお取り下さい」と書いてあっても、タダだからと全部持って帰るのは、異論はありましょうが、はしたないのではないですかね。欲しくてもぐっと我慢して、一つ二つだけに抑えておく。「それでは、とても気に入ったものだけお言葉に甘えて」風にするのがコツではないか。

男に捨てられそうになったとき、すがりついたり泣いたりわめいたりする。それはかっこ悪いだろうし、みっともないことでもありましょうが、決してはしたないことではありません。でも、あとから、あることないこと暴露話を言ったり書いたりしたら、それはまさしく、はしたない。

ケーキを分けるとき、真っ先に大きなイチゴが乗っている一切れを取ってしまうと、それははしたないですが、

「私、イチゴ大好きなの、いただいていいかしら?」

と小首をかしげ、あたりを見回してから取るなら、それははしたなくはなくなるのですね。

舌切りスズメのお話で、意地悪バーサンは一番大きなつづらを選んで批難を浴びました。三つ差し出されて、お好きなのをどうぞと言われたわけだから、まさに不当な批難であるわけですが、バーサンはほんのわずかな間を誤ったのです。

「うーん、どれにしようかな。本当はどれでもいいのだけれど、うん、今日は気分を変えてこの大きいのにしてみよう」

とかわいくつぶやき、ほんの一瞬間をあければよかったのです。はしたないと、はしたなくない、の差はビミョーなんですね。

はしたない行為は確実に「いやあね、オバサンって」と言われてしまうわけです。し

ょせん、わずかな差であるわけですから、その辺を的確に感知し、大人のかっこいい女を演出したいものであります。

もっとも、ちっともはしたないことはしていないのに、「だからオバサンは……」と不当に言われてしまうことも、ままあることを覚悟しておいたほうがいいかもしれません。

世間は、「はしたない」行為を平気でやらかすのは、いつも決まって中高年の女たちだ、と頭から信じていたりするものでありますから。

そういうときは、キッと相手を見据えて、

「なにか？」

と毅然と問うことです。相手はその迫力に恐れをなして、二度とうっかり、はしたないなんて、たとえチラッと浮かんだとしても、ユメユメ思ってはいけないことなのだ、と反省するに違いないですから。

ら抜き言葉を使わない

実は私、ある一点で、周囲、特に若い連中から煙たがられていることがあります。煙たがられているのは一点じゃないだろう、との意見もあるのですけど、それはちょいと置いておくことにして、とりあえず一点。

なにかというと、ら抜き言葉にいちいち引っかかって、その都度注意してしまうことなんですね。

「その絵、今、見れるんですか？」

と若造が言えば、冷ややかに「見られる、ね！」と直してあげる。

「すごーい、そんな新鮮な魚がここでは食べれるんですか？」

と小娘が黄色い声を上げれば、「食べられる、でしょ」と正してあげる。

さすがに初めて入ったコンビニのレジにいるオニーチャンや、電車の中で大声出して話している高校生には言いませんが、ちょっと顔見知りになれば言いますね。できればテレビの中の連中にも言いたいところですが、そうもいかないのでしかたなく、テレビの前で一人ブツブツ正しています。

本当はもっともっと、言いたいところではあるのです。大の大人が人前で自分の親を、お父さん、お母さんだなんて言うな！　とも思うし、「どうぞ、いただいてください」なんて聞くと「違うでしょ、召し上がってください、でしょ」と噛みつきたいし。コンビニあたりで耳にする「一〇〇〇円からいただきま〜す」なんていうのも、違う違う！と叫びたいし、「ムカツク」だの「しまくる」だの、そういう汚い言葉は使わないでよ！……などなど、言いたいことは山とあるんです。

でも、まずは、「ら抜き言葉」。

なんでそんなにこだわるのかというと、このら抜き言葉に関係している言葉群が、今日本で一番瀕死状態の「正しい日本語」だろうと思うからなんです。ここで微力ながら堤防を支えないと、日本語がドドドッと音立てておかしくなりそうで。

それに、ら抜き言葉に気をつける人は、敬語だってちゃんと使い分けているんです。

正しい日本語も使いこなしている。汚い言葉は口にしたくない、と反応しているはずなんです。

「言葉は時代とともに変化していくものだから、いいじゃないの、流れのままにしておけば」と今日びの乱れを容認しようとする人、いますけれど、そういう無責任な発言はしないでもらいたいと思いますね。

大人がここでしっかり守らなければ、私たちの大事な日本語は、またたく間にグジャグジャになってしまうに決まっています。

言葉は正しく使わなければいけないし、美しくなくちゃいけません。どう世の中が移ろうとも、汚いものは汚いし、間違いは間違いでしょうが。

ローマにいたときのこと。イタリア語の習得に苦労しました。それなりに一生懸命勉強していたのですけれど、とてもとても流暢にしゃべるなんてところまでは、いかないんですよね。たどたどしく話すのがやっと。でも、あるとき、親しくしていた銀行のお偉いさんが言ってくれました。

「イタリア語というのは、どういう言葉を使うかで相手の教養がわかるんです。たどたどしくても、正しいイタリア語を使える人は尊敬される。どんなにスラスラ話せても、ちゃんとしたイタリア語を使えない人は、僕たち、評価はしないんです」

彼は、イタリアに住んで何十年の、大成功していた日本人の社長さんを引き合いに出し、

「彼は確かに流暢に話せるけれど、彼のイタリア語には教養がない。そういうイタリア語をしゃべる人を、僕たちは認めないいんです」

とまで言うんですね。

モタモタとしか話せない私を慰めてくれたのだとは思いますが、でも、ほう、と思いましたよ。イタリアの語学学校に行くと、ややこしい文法や言い回しをしつこいくらいに習わされて、うんざりするのですけれど、なるほど、そういうことかとも思いました。

そういえば、映画「マイ・フェア・レディ」でも、オードリー・ヘプバーン演じるイライザがヒギンズ教授に、言葉を徹底的に直されていましたっけ。

言葉遣いというのは、その人の教養が最初に露見してしまう、窓口みたいなものなん

ですよね。

日本語も一緒で、独断させていただければ、その第一歩が「ら抜き言葉を使わない」でありましょう。

もちろん私たちは教養ある大人の女として、ちゃあんと正しく日本語を使えるわけですが、でも私たちはそこだけに留まっていてはいけないのです。

大人としての役割といいましょうか義務といいましょうか、正しい日本語を正しく使うことが、とても清々しくステキなことなんだ、ということを、若い連中に伝えてあげなくてはいけないのでしょう。

振り返れば、私たちが正しく日本語を使えるのは、もちろん自分なりの切磋琢磨もあったわけですけれど、なんといっても親たち、先輩たちの世代が、子供の頃から厳しく範を垂れ、教え込んでくれたからなんですね。物心つく頃から、親や社会にしっかりかっきり鍛えられ、だからこそ美しい日本語を使うに不自由ない、今の私たちがいる。そして、ちゃんと教えてこなかったからこそ、巷に瀕死の日本語があふれている……。

でも、だったらどうしていったらいいのか。

できることといったら、誰がなんと言おうと、頑固に、正しく美しい日本語を使い続け、折々にちゃんとしっかり、直してあげること、でありましょうか。そして、

「ああ、きれいな日本語を使うというのは、なんて上品でステキなことなんだろう。自分もいずれああなりたい」

とこれからの人たちに気づいてもらうこと。

「ねえ、そこの、優先席にふんぞり返っていらっしゃる若者の方々。ほら、ご年配の方が目の前に立っていらっしゃるでしょう。こういう場合は、すぐに席を立ってゆずって差し上げましょうね。そういうこともできないと、みなさまのご両親が悲しまれますことよ。え？　今、なんておっしゃった？　『ババァ、うるせぇ、目の前に立たれたら向こうが見れないじゃないか』ですって？　違うでしょ、そういうときは『ババァ、うるせぇ、向こうが見られないじゃないか』と言うべきでしょ」とね。

ちょっと、違うか……。

「私にはよくわからなくて……」と逃げない

いつだったかテレビで、詐欺にあったという女性が語っていました。

「これまで主人がみんな決めてくれていましたから、こういう難しいことは私、わからないですよ。懇々と親切に説明されたら、そのままそうかと思いますよ。だって主婦ってそういうものでしょう」と。

なにやら、儲けが毎月ボンボン入ってくる、ものすごくお得な投資だと言葉巧みに誘われるまま、次々と大事な貯金を持ち出して、気がついたら通帳は空っぽで、敵はきれいに事務所ごと消えていた、というのです。

夫の亡き後、大事な蓄財を少しでも増やそうとしただけなのに、世の中、なんてひどい人がいるのでしょう。「そんな甘い話があるわけないだろうが」と人様は言うけれど、これまでずっと主人がなんでも決めてくれて、私は難しいことなんか、わからないのですもの。世間を知らない、って責められても、主婦というのは、もともとそういうものでしょう……と。

顔を出さないように後ろ向きに撮られたその姿は、いかにも「よくいるオバサン」体型で、「ああ、やっぱり」とたいていの人が、妙に納得したのだろうと思います。

世間一般の認識として、オバサンというのは、「あまりに世間知らず」で、すべてにおいて人まかせであったりする……。


確かに気の毒な話です。でも、いい加減いい年まで生きてきて、世の中、そんなに甘い話があるわけないことを知らないようじゃ、あまりに恥ずかしい。そりゃあ、やっぱり、だまされるほうも悪いんです。

難しくてわからないことというのは、世の中、いくらでもあるわけだからして、わからないことは責められることではない。

でも、わからなかったら、頭を使って勉強するべきでしょう。

小学生の頃、中学生の頃、私たち女子は男子より、ずっとお行儀も成績もよかったはずなんです。しっかりしているのは女子だったし、なにかと気が回るのも女子でした。

先生にきちんとものが言えるのも女子ならば、クラスを仕切るのだって、たいてい女子だったはず。女の浅知恵なんて言葉は、存在さえしなかったのです。

それは確かに、大学を出るぐらいまで続いたはずなのに、気がつくといつの間にかどうも違ってしまっている。

年とるごとに、自分でものを考えなくなっているのではないでしょうかね。男たちが勝ち誇ったように「女子供」などと見下すのに、反論するどころか、唯々諾々と従ったりもする。人気優先で選挙が決まるのは女性票のせいだと言われても、「だって、政治のことなんかわからないもの」とヘラヘラ笑って過ごし、女子供にばかり媚びるから日本のテレビはくだらなくなった、と言われても、「だって、難しい番組、つまんないもん」と言ってはばからない。機械のことなんてわからないから、パソコンの取り付けも誰かにやってもらわないと。車の運転？　それは男の仕事でしょ。電気？　ああ、ダメダメ、ビリビリって来そうで電球は取り替えられないのよ……と。

多分、モテモテだったんですよね、そういう女性は。「わかんな〜い」と一言甘えた声を出せば、男たちが寄ってたかって手を貸してくれるような、そんな人生をやってこられたのでしょう。そう、甘えるだけで生きていける女って、ある意味、ステイタスでありました。「君を全力で守る」「君はそこにいるだけでいいんだから」なんて言ってもらっちゃってね。

でも、これからはそれでは通用しないわけです。時代も厳しくなって、女だからって甘やかしてはくれなくなっていますし、この女ばかりが生き残りそうな高齢化社会に、「一人でなんでもできる」女でないと、やっていけなくなることは必至です。

「難しいことは私、わからないから〜」

なんてもう、逃げてはいられないのです。そして主婦の一人として言わせてもらえば、「主婦ってそういうもの」だなどとは、絶対に言ってほしくないですよね。主婦ってのは本来、賢明でないとやっていけないものなのですから。

もっとも、いきなり株式投資を熟知しようったって、無理な話ですし、複雑な国際政治をわかるには、時間も手間も必要です。

そういうことは時間をかけて少しずつ学習していくこととして、まずは、誰かをあてにしようとする習慣をきっぱり捨てることが肝要でしょう。「なんだって、一人でできるわよ」という思考に切り替える。

スタートとして、電球の取り替えぐらいは、一人でやれるようになっておきませんと。簡単なんです。スイッチを切り、脚立を取り出し、電球持ってクルクルと回転させればいいのですから。

やってみると、電球の取り替えなんて笑っちゃうくらい簡単で、一人でやるって実に気楽で心地いいことなんだ、ということがしみじみわかるんですね。なあんだ、こんなことなら、何十年も前から一人でやってくればよかった……とそんな感じ。

あとはDVDの操作を習得し、さらに携帯電話の機能を活用できるようにし、パソコンの接続にも挑戦する。それから日本の政治をもう少しかじって、ちょっとは物申せるようになり、国際経済についても考えて、地球の平和について知恵を絞る……。

もっとも、たまに「わからないから〜」を使うのも手だったりすること、あるんです。

押し売りや、うるさい電話の勧誘が来たとき、さも切なそうに言うのです。

「ごめんなさいね、主人がいないと、私じゃなんにもわからなくって」

屈辱的だな、と思いつつ、ときどきこの手を使うのですが、妙に効果があるのがなんとも複雑なところでありまして……。

メディアの意見を鵜呑みにしない

もしかして、テレビ局のスタジオ見学に行くことがあって、ワイドショーやトークショーの、あのひな段になっている見学者席に座ることになり、ひょっとしたらカメラに映るかも、という機会があったとしたら、絶対これだけは気をつけよう、と決めていることがあります。

真ん中でライトに照らされてもっともらしく話す、芸能人や文化人や政治家やそういった人たちの話に、いちいち感心したようにうなずくまい、ということなんです。

カメラが観客席を映したと同時にあわてて、さも納得したように、さも感銘を受けたようにうなずいている人がいますでしょ。ああいうこと、自分は絶対にするまい、と肝に銘じて思っているのでありますよ。

カメラのレンズがどうもこちらを向いている、立派な話を聞いている私たちを映している、いかん、ここは大いにうなずいて場の雰囲気を盛り上げないと、という健気なサービス精神からなのだろうとは思います。納得したような顔をしないと、せっかく立派な意見を述べている識者に申し訳ないじゃないか、と思ってのことでもあるのでしょう。番組のADさんからも「ここは大きくうなずいて！」などと、頼まれたりするのかもしれません。

みんな、善意の人たちなんですよね。

そうは理解できるわけですが、がしかし、そこには、その場の大きな流れに乗っていれば安心というような、安易な考えも横たわっているのではないか。自身の考察はどうなのよ、と思ってしまうわけです。

これって、本当は退屈なだけなのに、いかにもわかったような顔をして神妙に聞き入る、コンサート会場の聴衆みたいじゃないですか。

美術館で、何を表現しているのか、いいのか悪いのかすら、さっぱりわからない作品の前で、それでも感心し感銘を受けたふりして、しばらく見入ってみせる観衆みたいではないですか。

テレビで紹介された行列のできる店だというだけで、本当に美味しいのかどうかを深く考えもせず、ありがたがってしまう客みたいだし、高級ワインだと聞いて、嬉々としてうなずいてみせる、エセワイン通みたいでもある。

私たち日本人って、権威が好きなんですよね。誰か偉い人が評価した、というのが大好きですし、権威ある（といわれる）人が言っていることを、すぐに頭から信じるし、なにかの賞を取ったと聞けば、本でも映画でもすぐに飛びついてしまう。「みんなが言っている」「テレビで言っていた」という言葉に、実に無防備に乗ってしまうところ、ありますよね。

これが、ラーメンやワインや、小説や映画や、その辺のことならまだいいのです。怖いのはそうやって、有名人が言った、偉い人が言った、テレビで言っているし、みんなが賛成しているから、というので、深く考えもせずにうなずいて、政治や法律や制度のことまで同調していくと、日本の先行きまでおかしくなってしまうかもしれないことでしょう。安易にうなずく、という一見些細なことが、日本の将来にまでかかわってしまうかもしれないのです。

私たち大人は、十分そういうことを見て、学習してきているはずです。政治家がどれだけその時々で言うことを変えてきたか、文化人という人たちのどれほどがインチキだったか、メディアがどれほどあっという間に手のひらを返し、その都度正義漢ぶってきたことか。

有名かもしれないけれど、ちっともよくないレストランもいくらでも知っているし、美味しくもないラーメン屋が、なぜだかヒョイとメディアに持ち上げられたりすることも十分に知っている。ベストセラーが必ずしもいい本ではないことも、盛大に宣伝されている映画がきっと陳腐なものだということも、「涙誘うドキュメント」がたいていやらせであることも、ステキな話がほとんど何かの宣伝だということも、これまでの経験からよ〜く知っています。

そういうことを、もう一度、しっかり思い出しておきたい、とそう思うわけなのです。

かつて「王様は裸だ」と叫んだのは子供でありました。でも今、「それはちょっと違うんじゃない？」「それってなんだかおかしいわよ」「安易に同調しちゃいけない」「ここはきっぱり見据えないと」とはっきり世間に言ってあげられるのは、天下無敵の我々オバサン世代しかいないのではないですかね。

そんなこと言われたって、私は賛同できるからうなずくだけよ、何がいけないのよ、何をしろと言うのよ……と思うかもしれません。

そう、だから収録スタジオの観客席で安易にうなずきそうになったとき、ふと「そうかな？」と考えてみる。テレビで識者のコメントを聞きながら、新聞の社説を読みながら、「そうだろうか？」とちょっと疑ってみる。

ちょっと疑う、頭から信じない、というわずかな行為で、世の中の見え方はずいぶんと違ってくるものです。

その際、頭の片隅に置いておきたいと思うのは、百パーセントいつも正しいことを言える人はいないという真実、テレビ局や新聞社は決して常に公平で客観的なわけではないという現実、多数意見というのは得てして暴力的に、少数意見の口を封じがちだという事実などなどでありましょうか。

そして、少しでも違和感を持ったら、いろいろと調べてみることです。あちこちチェックしてみると、人は結構いい加減に発言していることもわかるし、メディアによっても意見はずいぶん違うこともわかってくるんですね。私たちが感じる「違和感」というのは、案外正しく機能しているものなんです。

そうして、おごそかに言うのです。

「みんながお人好しでいては日本がダメになってしまうのよ。せめて私たち大人の女ぐらいは、なんでも疑ってかからないとね」

きっと、実際の三倍ぐらいの知性派に見られるに違いないと、思うわけでありますが。

毎日二〇分、読書タイムを持つ

私、罵倒されたことがあるんです。

「どうせ、本なんかろくに読んじゃいないのだろう。知ったような口をきくんじゃないぜ、俺なんか今日まで、おまえの百倍は本を読んでいる！」

相手は高校時代の友人で、親しい仲間の一人でもあり、その場はお酒の席だったのでありますが。

私もだいぶ飲んでいましたから、負けずに返しましたよ。

「冗談じゃないわよ、何を根拠にそんなこと言えるのよ！　根っから謙虚な私だから、キミより読書しているとはあえて言わないけれど、キミらなんかにゃ、負けないんだから！」

いい年したオジサンとオバサンが、何をくだらないことで争っているんだ、でありますが、しかし、反論する陰でもう一人の冷静な私が、「待てよ？」「そんなこと、言っちゃっていいのか？」「そんなに読んでいたかぁ？」とささやいてはいたのです。

確かに、学生時代は読書少女ではありました。なにしろあの頃、本を読んでいるというのは、周囲の尊敬の対象であり、ひと通りの本を読破していないと、見下されたもの。運動もダメ、美人でもない、ずんぐりむっくりタイプの少女だった私は、せめてここで優位を保とうと、せっせと読書にいそしんだのでありました。

あれからウン十年。

もちろん今でも調子に乗ると、一日一冊ずつぐらいは読んだりもするわけですが、気がつくと一ヶ月二ヶ月、ゼンゼン本に触れもしなかった、ということだって、たびたびある。

洋服は惜しげもなく買うくせに、本だと「ブックオフに出るまで待ってよう」なんて思う自分もいます。すぐ読むつもりで買ったはずの本が、何冊も机の上にずっと置いたまま、という現実もあるわけです。

ついつい読みやすい、隙間の多い軽い小説ばかりを手にしてしまっている自分もいるし、飛行機に乗ったり、新幹線に乗ったりするときに、文庫本よりしょうもない週刊誌を真っ先に読もうとする自分もいます。

ほら見ろ、と言われたくないので、大きな声では言いませんが、実はあまり読書しなくなったよなぁ……という事実は確実にあるわけでして。

百倍では絶対ないとは思うのだけれど、高校卒業してからウン十年、読んだ本の数に、かなりの開きがついているかもしれない……。

そういえば、「テレビのワイドショーのことだけは、やたら詳しいね」と言われること、多いですし。

ほとんど言い訳でありますが、世間一般に本を読まなくなっている時代の背景があるわけです。テレビやマンガやゲームがあふれる世の中になって、いまや本は売れない時代だそうです。

それに追い討ちをかけるように、本を読む、ということが、ことに女の世界で、かっこいいこととは見られなくなっているのではないですかね。

だって、「彼女、ステキね」と言うときに、あるいは「カリスマ○○」と持ち上げられるときに、美人だったり、お洒落であったり、立ち居振舞いが上品だったり、肌がきれいだったりというのはあっても、読書家だ、という項目が出てきたこと、ないですものね。胸が小さいからとわざわざシリコン入れる人はいても、どうも読書量が少ないからと、大量に本を買い込む女を見たこともないですし。

本を読んでいることは、およそ評価の対象にならなくなってしまっている。

いやいや、それどころか、読書する女というと、野暮ったくて、陰気で、面白くない女を想像してしまう世の中なのじゃないか。

「本なんて、ファッション雑誌以外、読んだこともない」と豪語した、イギリスの人気サッカー選手の妻が、あきれられるどころかセレブともてはやされ、憧れられる世の中でもありますし。

それにしても、あれだけ価値のあった「読書する」ということが、こんなにも影が薄くなってしまっていいのでありましょうか。

いいわけ、ないですよね。

本を読んでいるかいないのか、どんな本を読んできたのか、ということは、たとえこんな時代になったとしても、やはりその人の教養と考察力、判断力を推し量る、大きな判断基準なのだろうと思います。

経済界を担うような大物財界人の話などを聞くと、多忙な日々でありましょうに、へぇ、こんな本まで読んでいるんだ、と驚かされます。作家といわれる方々は膨大な読書量だそうですし、いわゆる文化人の写真を見ると、たいていぎっしり本の詰まった本棚の前にたたずんでいます。日経新聞の「私の履歴書」や、ビジネス誌の回顧録なんかを読んでも、トップまでいった人って、必ず、ものすごく読書してきているんですね。

本を読む人が、必ずしも人間ができているわけでもないでしょうが、うさんくさい男だろうと、本を読んでいる、と聞くだけで信用できそうな気もしてきますし、本を読んでいる姿は渋くていいなぁ、とも思います。

私なんかが言うまでもないことですが、人間やはり、本を読んでいないようじゃ、ダメなんですよ。

「でも、本を読む時間なんて、どうやって作るのよ」と思いますよね。そう、私たち、お互い忙しい身です。家事はあるし、仕事も忙しい。テレビも見なくちゃならないし、ケータイでメールも送らなくちゃいけない。美容院もネイルサロンもエステも行かなくてはいけないし、バーゲンチェックも欠かせません。読書の時間なんてなかなか作れない……。

ニューヨークでバッグを作っている女性を取材したことがあります。日本とイギリスで二つも修士号を取り、国際機関で活躍していたという才女なんですが、「子供との時間を大事にしたい」とデザインを学び直し、今は家でミシン踏んで、バッグを製作しているんです。

取材の際、彼女の一日のタイムテーブルを書き出してもらいました。早起きして夫と子供、合計三人分のお弁当を作るところから始まって、家事と育児の合間にようやくバッグの製作をする、まさに子育て真っ最中の働く母親の一日がそこには綴られていたんですが、ひとつ、ほう、と感激したことがありました。一日の最後の就寝前に「読書タイム」というのが、しっかりあったんです。

忙しい毎日を送りながら、ちゃんと読書の時間を確保している。寝る前のリラックスタイムに当たり前の習慣として、静かに読書している。なんかこう、参った！　というか、負けたというか、「かっこいい～！」と思いましたね。

同時に、なるほど、と思ったものです。「毎日二〇分の読書タイム」というのなら、自分にもできそうじゃないか。

三〇分でも一時間でもいいのでしょうが、まずは二〇分。二〇分が無理なら一五分でもいい、一〇分でもいいから、とりあえず毎日本を読む習慣を取り戻す。

「この本を読んでしまわなくては」と思うと負担にもなりますが、今日二〇分、明日も二〇分、とそうやって続けていくなら無理はないような気がしません？　そうやってコツコツ地道に続けていって、気がついたときには、財界の大物にも負けない知性にじむ大人の女がそこにいる！　ザマーミロでありますよね。

「本を読むことは私にとって生活の一部ですもの、読まないと一日が終わった気がしなくって」

なあんてポロリと言ってやろうじゃないですか。いかにも教養人〜！　って感じです。

ついでに、知識を鼻にかける男たちの前で、

「あら？『○○』、まだ読んでないんですかぁ？」

と言えれば、最高に快感！　でありましょう。女をあなどれないことを見せてやらねば。

私も就寝前の二〇分、コッコツ本を読み続け、いつの日か「人の百倍も本、読んでいるわよ」と豪語してやろうと思っているのです。

気がつくと、コックリしているところが、困りものなんですが、ね。

「自分の家が一番心地いい」と言える

こういう話題を出すと、テレビのワイドショーが大好きだってことがバレそうで心配なんですが、「豪邸拝見」のような番組、ありますでしょ。有名人やお金持ちのお家を見せてもらって、レポーターが大げさに騒ぐ……みたいな番組。

大理石の床に、上を見ると大きなシャンデリア、家具はというとイタリア製の超モダンなものかルイ王朝風のゴテゴテ大仰なもの。キングサイズのベッドに、クローゼットを開けるとシャネルのドレスやエルメスのバッグがズラッと並んでいて……家主はそれらを得意そうに、しかもいちいち値段まで言って、披露するんですね。

お金持ち、ということはうらやましいですよ。家具の一つひとつも豪華で素晴らしいものです。でも、なにか白けた印象が残るんですね。住空間への愛情が感じられないというか、生活感が薄いというか、この人はここで暮らしていて本当に心地いいのだろうか、と思ってしまうんです。どこか間違っている、という肌感覚でしょうかね。

一方で、いきなり庶民の家の中を見せてしまう、というようなシーンもありますでしょ。ドキュメンタリーとか、事件現場の近所の住民のインタビューとか、ま、いろいろなケースがありますが。

そうするとこれがまた対極みたいに、ゴチャゴチャと物ばかり多くて、「もうちょっと、なんとかすればいいのに」と思う家が多い。居間のテレビの横にダンボール箱が積んであったり、洋服がそこかしこに散らばっていたり、野暮ったいカレンダーがデーンと飾ってあったり、CDと食器とお土産物の人形で、棚の中があふれそうになっていたり。

テレビに映らない多くの家では、もっと違うのかもしれませんけれど、日本人って、「衣・食」への思い入れに比べて、住空間に関するセンス、あるいは意識というのが、もうひとつ、なのではないですかね。

外国の話ばかり引き合いに出して恐縮ですが、特に欧米の家では、みなさん本当にきれいに暮らしているんですね。それはもう、自分の住空間を心地よくするために、全精力を費やすというくらいです。お金持ちはお金持ちなりに、庶民は庶民なりに。

外国の方って、実に気軽に「家に来てよ」と呼んでくださるんですが、自分の家が自慢なんですよね。人に見せたいってところ、すごくあるんです。

でも、派手なシャンデリアが下がっているわけじゃありません。高級家具が置いてあるわけでもない。あっても、そんなことで自慢しようなんて思っていないんです。

自慢するのは、まずは景色ですよ。ここからこんなに美しい景色が見られるんだ、というような。それから、一軒家であれば庭ですね。家の庭には、チェリーもなるしバラも本当にきれいに咲くんだよ、と。

で、その次に自慢するのは、お祖母さんからゆずり受けたという食器棚とか、国中の蚤の市を巡って探したテーブルとか、古道具屋で見つけた何世紀も前のオルガンとか、ローマ時代の壷の破片とか。そんなものなんです。

そして、妙に落ち着く部屋だなぁ、と思って聞くと、カーテンの色からソファの材質から、何年もかけて選び抜いていたりするんですね。ソファの前のテーブルには、分厚い写真集がインテリアの一部として置いてあって、「これはね、インドを旅行した思い出に買ったもので」などと話してくれたり。

そういう家を、彼らは本当に気に入っているんです。大好きなんです。みんながみんな、世界で一番居心地のいい空間だと信じている。もっとも、気に入る空間にするために多大なエネルギーと時間をかけていますから、それは当然でもあるのでしょうけれど。だから、家族もせっせと家に帰ってくるんです。家が一番、なんですもの。

日本の私たちはどうなんでしょ。日本のオトーサンたちがなかなか家に帰りたがらないのは、仕事が忙しいというのと、ふらふら飲み歩くのが楽しい、ということもあるのでしょうが、我が家でくつろげないから、というのもあるのじゃないか、とテレビを通してさまざまな家をのぞきながら、思ったりするんですよね。

自分の住空間を大事にして、センスよく整えている人ってステキです。ときどき、外ではバシッと高級スーツ着こなして、お洒落の最先端を行くようでありながら、家の中はゴッチャゴチャ、というような人がいますけれど、そういう人はちょっと、大人の女としてカウントしたくないって、思いますよね。

「家にいるのが一番好きなのよね」と当人も言い、周囲も「そうだろうな」と納得するような、そんな女でありたいものです。住処《すみか》って、人生の基地ですものね、それはもっと大事にしておかないと。

そういう人の住空間は、インテリア雑誌に出てくるような、あるいは家具屋のカタログのような、そういう気取った空間ではないんです。じっくり時間をかけて選んだ好みのものを、さりげなく、いい感じに配置してある。余計なものはないけれど、適度に生活感がある。そこにいるとくつろげて、しみじみ心地いい、そんな空間なんですね。かつ、その人らしい個性がある。ああ、こんな絵が好きなんだ、とか、こんな本を読んでいるんだ、とそんなことが訪れた人に伝わるような温かい空間。

そして、きれいすぎない程度に清潔で、肩が凝らない程度に片付いている……。

そんな、いきなり言われても……と思いますよね。家は狭いし、物はあふれているし、家族がバッタバッタ出入りして、住空間をなんとかしようにも、どうにもしようがないじゃないの。毎日、私は忙しいのだし、と。

ホント、日本のウサギ小屋生活で、どうやってお洒落でステキな住空間、なんて実現できるのよ、とも思います。

人それぞれの好みがあり、人それぞれの使い勝手があるわけですから、ゴタゴタ乱雑になっているのが、案外居心地よかったりするのかもしれませんし。

そういうこともあるのでしょうが、でも、憧れの女性は、ステキなセンスある空間で生活していてほしいとは思います。「やっぱり、いい女って、生活基盤のセンスからして違うのねぇ」って、感心したいじゃありませんか。

ひとつ、とりあえず手っ取り早く部屋をすっきりきれいにする方法ってあるな、と前から思っています。

それは、物を半分に減らすこと。

これだけでずいぶんと違ってくるはずなんです。日本の家って物が多すぎで、私たちは買い込みすぎですよね。

そう確信しつつも、なかなか実行できないのが我ながら意志の弱いところでありまして。世間には魅力的な品があふれ、家は狭く、物を捨てるのはしのびない。日本人のジレンマよね、これって……と思いつつ。

気楽に人を家に呼べる

最高のおもてなしってなんでしょう？

それは、三つ星レストランにご招待することでもないし、高級料亭に案内することでもないんです。もちろんご招待していただければ、それはそれで何の文句もありませんけれど、でも、最高といったら、それは自分の家に招いて、手料理を振る舞うことなのだと私は思っています。

何の根拠でそう言えるのよ？　と不満に思われる向きもあるかと思うのですけれど、根拠はないんです。ただ、いろいろ経験してきた中で、お家に呼んでいただいたことが、やっぱり、なによりも一番嬉しかったからでしょうか。

その人のプライベートがヒタヒタ見えてしまう居間に迎え入れてくれて、手ずからの料理を振る舞ってくれようという、その温もりがなんともいえず嬉しいんでしょうね。

ですから、呼んでいただいた記憶は大事な思い出として、大切に、大切にしています。

何十年も前のことでも、忘れていないですしね。

前にも書きましたが、外国で暮らしていると、わりとよく呼んでいただけるんです。少し親しくなるだけで、すぐに「じゃあ、今度、家にご招待したい」と言ってくれたりする。その辺はどこの国でも、日本よりずっと気さくです。

気さくな分、さほどの料理が供されるわけでもないし、手厚くもてなしてくれるわけでもない。なんだか、自分のコレクションの壷なんぞを自慢したくて呼んでいるのじゃないかしらん、という場合もしばしばあるのですけれど、友人としてのまずは「入門」という感じでしょうか。呼ばれて初めて「友人」として認知される、というような。

日本人同士も在外ですと、よく家に呼び合ったりするんです。そういう習慣もだんだん薄れているようではあるのですが、私が外国にいた頃は、今日はここの家、明日はあっちの家と、毎週のようにお招きにあずかったりお招きしたりしたものでした。慣れない外国でお互い肩寄せ合いましょ、とそんな仲間意識だったのかもしれません。

そういう経験をした人でも、日本に戻ると、パタッとやらなくなるんですね。

まあ、お互い家が遠くてなかなか呼べない、という現実問題はありますし、なにより「家が狭くて、とてもお客様なんか呼べないわ」と、考えてしまうんですよね。

狭くてゴチャゴチャしているリビングなんか見せられない。どこに座ってもらうのよ、テーブルも小さくてお皿だって並べられないし、こんな安家具恥ずかしいじゃない、などと考えたりしてしまう。おまけに、受験生もいる、小さい子もいたりする。他人なんか呼んだら、勉強に差し障りがあるでしょ、と。

でも、一番の大きな理由は、「お客様呼ぶのは面倒でしょ」ということなのでありましょう。買い物も大変、料理するのも大変、その前に家中掃除をしなくちゃみっともないし、ガラスだって汚いじゃない、スリッパも買い換えないと恥ずかしいし、トイレの掃除も忘れるわけにいかない……と、考えるだけで疲れてしまう。

そうして見回すと、世間ではあんまりご招待なんかしていないんですね。みんなが「だって、家は狭いし面倒だし……」と言って。

人がやっていないのだから、なにもこんな面倒なこと、自分がやることもない、となるのでしょう。そうして、自宅に客を招くことは、どんどん生活から消えていく……。

確かに面倒なんですよ。料理作るのだって一日仕事だし。その前にごっそり買い物しなくちゃならないし。

メニュー考えるのもしんどいし、テーブルクロスは大きいのがいるし、コップは今のままじゃ足りないだろうし、お皿もそろっていないのよねぇ。

その上、お客様が帰った後も、後始末は山のようにあるんですね。大量の汚れたお皿に、シミがついてしまったテーブルクロス。そうして当然、お金もかかる。割り勘ってわけ、いきませんものね。

子供の頃、どこの家でも、もう少し客が来たり、客として行ったりの習慣があったように思うのですが、時代とともに、そういう習慣は減りつつあるらしいです。なんとなくみんながみんな、小さな家族でこじんまりと籠もってしまっている。

でも、それって、あまりに残念です。家に人を招いての食事って、とても心が通い合うんですね。その人の、これまで気がつかなかった別の顔が見えたりもするし、お互いをぐんと近づけてくれる。その上、お招きした側の株はドンとアップするわけですよ。

手間隙かけて家に呼んでくれた、って思いますものね。特にホステス役の株って、ものすごく上がるんです。目立たないパッとしない奥さんかと思っていたけれど、なんだ、素晴らしい女性だったんだぁ、なんて手のひら返したみたいに。料理上手であったり、インテリアのセンスがよければ、その株は倍増でしょうし。

面白いことに、多忙で激務な人ほど、気軽にお客様を招待してのホームパーティーって、やっていたりするんですよね。

昔の話ですけれど、外務大臣をされた川口順子さんのご自宅に呼んでいただいたことがあります。当時、川口さんは旧・通産省の官僚で、かつ二人の小さなお子さんの母親で、ものすごく多忙な日々だったろうと思うのですが、彼女の部下だった私の夫が海外転勤するその機会にと、ご招待くださったんです。妻の私も含め、当時の部下夫妻が何組も。

どんなお料理が出たか、残念ながらまったく覚えていませんが、温かく迎えていただいて、初対面の私まですっかりくつろいで、ものすごく楽しいひとときだったことは、強烈に覚えています。

今でもこうやって機会あるごとに、ご招待いただいたことを人に語り、「川口さんって、ステキな女性よ」と吹聴しちゃってますが、別の見方をすれば、一回自宅に招いただけでこれだけのファンを作ってしまうのですから、人を手なずける手立てとしては、実に効果的ということになります。

多忙の中でも軽やかに人を呼べる人って、客を家でもてなす、その意義もメリットも楽しさも、ちゃんとわかっているのでしょうね。そしてきっと、そういう人は料理や準備を、合理的にチャチャチャチャとやってしまう技もコツも心得ているに違いありません。

大人の女であるならば、気楽に我が家に人を呼べる、それくらいの余裕と器量を持っていたいものです。

「あら、じゃあ、来週、家で集まりましょ」

とあっさり軽く言えるような女でいたいじゃないですか。

「そんな、悪いわよ、家に人を呼ぶって大変なんだから」

と誰かが言ったら、フフッと軽く笑って答えるのです。

「大丈夫、大丈夫。ゼンゼン負担でもなんでもないし。家だと落ち着くし楽しいし。そうよ、家に来てよ、簡単になにか作るわよ」

うーん、かっこいいですよね。

気楽に家に客を招く、コツがあるんです。

・とことん家をきれいにしよう、なんて思わない。どうせ、どこの家も散らかっているのだからと腹を据える。

・料理の腕を披露して、感心させようなんて野心は持たない。手を抜くところは抜く。いいんです、誰もプロ並みの腕なんか、期待しちゃいませんから。

・一人で全部やろうなんて頑張らない。客をバンバン使うべし。

・「お酒を持ってきてくれると嬉しい！」とか言っておく。

・凝った料理よりも簡単な手料理のほうが、実は美味しくて評判もいい、と心得る。

・お金をかけない、見栄を張らない。

と、この辺を気にするといいかも、です。

もっとも、私もエラソーに言えた義理じゃないんです。

さんざん呼んでいただきながら、お招き返しをしていない人が、どれだけいることか。

「今度我が家に来てね」と言いながら、それっきりになっている人が、どれほどいることか。

すみません、いずれお呼びしようとは常々思っておりますゆえ。いずれ、そのうち、きっと……。平伏、平伏なのです。

三章

いい人間関係をはぐくむ

「一緒しゃべり」はほどほどにする

平日の、とある小洒落たレストランにて。

A子「ねね、聞いて聞いて！　この間さぁ、うちもボーナスようやく出たんで、ダンナのスーツ作ろうって、デパートに行ったのよ」

B子「あ、うちのコータロウにも、スーツ作ってあげなくちゃならないんだ、ほら、そろそろ就職だし」

C江「ねぇ、まずは何か注文しましょうよ」

私「ちょっとB子、その指輪、おニューじゃない？」

A子「だからさ、そのスーツ売り場にね、ジャニーズ系のイケメンがいてね」

B子「あ、わかる？　アクアマリンよ、へそくりで買っちゃった」

C江「で、何を食べたいの、あなたたち、パスタでいいのね？」

私「私も指輪、作りたいと思っているのよねぇ、なんかいいデザインないかなって、いろいろ探しているんだ」
A子「聞いてよ、そのイケメン君がね、奥さんというよりお嬢さんに見えますよ、って言うのよ、私にね」
B子「ジャニーズっていえば、女優のほら、なんとかってのと交際しているって今、話題じゃない？」
C江「そうそう、週刊誌に出てた出てた。えぇーっと、誰だっけ」
私「で、パスタはどうなったの？　あとであのケーキ注文していい？」
A子「よく言われるのよね、奥さんには見えないって。主婦っぽくないのかな、私」
B子「コータロウのスーツ、何色がいいと思う？　会社訪問するには、やっぱり、紺よねぇ」
C江「思い出した、ジャニーズのヨージ君よ、その女優のなんとかってのと交際しているの」
私「私さ、アクアマリンは持っているから、別の宝石にしたいんだよね」
A子「ねぇ、聞いてよ、若い子って年上のどこに魅力を感じると思う？」

C江「聞いてる聞いてる。で、パスタは、トマト味でいいわけ？」

きりがないのでこれ以上は続けませんが、女であれば誰でも身に覚えのある、男であれば誰でもうんざりした記憶のある、女の会話の典型なのであります。

「一緒しゃべり」というのだそうです。誰が命名したかは知りませんけど。とにかく、一斉にみんながそれぞれしゃべって、会話が続いていく状態を指すらしいです。

オバサン会話の特徴だと言う人もいます。オバサン要素が強いほどこの会話の傾向が強くなる、と言う人もいるし、だからオバサンは嫌なんだ、と言う男たちもたくさんいる。

これは確かにオバサンの会話でありますが、でも決してオバサン特有の会話ではありません。私はよ〜く知っておりますけれど、若いOLたちの会話もこんなふうだし、女子高生たちも同じように続いている。まあ、世代を超えた女の会話の特徴、といえなくもない。

男だって、テレビに出ている政治家やコメンテーターの討論を見ている限り、この一緒しゃべり、してますしね。

それでも、我ら中堅女性の存在感ゆえか、オバサンしゃべり、と思われている。なぜか一斉にしゃべるんです。自分のことだけしゃべる。人の話に相槌は打っても、返す話はどうも別の話題です。人の話を聞いていないわけではないのだけれど、自分のこと以外は要するにどうでもいい。

おかげで議論にはほとんどならなくて、平和でいいのかもしれません。女だけならこの世に戦争は起こらない、と言う人がいますが、なるほど、そうかも、とも思います。


しかし、建設的かどうか、と問えば、確かに建設的ではゼンゼンないわけです。なにか議論を詰めて結論を導く、という会話ではまったくないですものね。男が女の会話に入りたがらないのは（正しくは入り込めない、でありましょうが）、こういうところだろうな、と理解もできます。

優雅じゃないし、頭よさそうでもないし、女は論理的な会話ができないなどと言わせておくのもシャクですから、こういう会話はなるたけ慎みたいものだと、謙虚に思うわけなのです。

謙虚に思うのではありますが、では、一緒しゃべりをやめる方法があるか、と考えると、こればかりは明白に「無理だ！」ともまた、思ってしまうのです。

だって私たち、話したいことがいっぱいあるんですもの、人の話なんか、うかうか聞いてなんかいられませんよ。遠慮していたら自分がしゃべる番、なくなっちゃいますもんね。

絶対無理よねぇ、とお互い思いますよね。


それにしても、延々と続くだろうこの会話の結末は、これまた実に明快。

「ああ、楽しかったわねぇ、また、やりましょうね！」

みんながみんな、そう言い合って、すっきり気分爽快、帰途につくのです。

女って、私たちって、ホントに不思議です。

夫と子供の話はタブーと心得る

夫婦単位で集まりましょう、という機会があったとします。そんな席でも、

「じゃあ、男はこっちで、女はそっちね」

と、わざわざ男女の席を別にしたがるオジサンっていますでしょ。

アラブの国でもあるまいに、たまに男女で集まるときぐらい、みんな一緒に歓談すればよさそうなものですけれど、あえて別々にしようとするんですね。

「奥さん方もそのほうが楽しいでしょう」

などと言って。

古くさい価値観から抜け出せない、化石オジサンということもあるのでしょうが、でも、どうも本音を漏らせば「女と話すのはつまらんからな」ということらしいんです。

「飲み屋の若いオネーチャンと話すならともかく、オバサンたちと話したって、話題ないだろ?」って。

失礼な話です。それに大きな間違いでもある。「女の話はつまらない」ではないですよ、「つまらない女の話はつまらない」なら、わかりますけど。

でも、男だけじゃあないんですね、女と話すのを嫌がるのは。

「オバサンの話って、脈絡ないし、メリハリないし、ホントつまんないわよね」

などと言って、男がいる会にはホイホイ参加するくせに、女ばかりの会ははなからバカにして出たがらない人。自分だって傍から見たらオバサンだろうが！　と思うわけですが、彼女たちは続けて言うわけです。

論理的でない上に、話題が貧弱。話といえば、夫か子供の話しかないじゃない。どちらもいなけりゃ、ペットの話。それも必ず自慢話だしね。他に話題はないのか、って言いたいわよ。付き合っちゃ、らんないわよ……。

なんとも、ウッと詰まって言葉が出ませんが、そういうの、男の人でもいますよね。

二言目には「僕のワイフがね……」と妻自慢を始めるヤツ。

「僕のワイフはね、部下を何十人も抱える部長職に就いていてね。キミなんかと違って、なにやっても優秀な女なんだよ」

なんてことを、グラス持つ手の小指立てちゃったりして、しゃあしゃあと語ったりするんです。

これは確かに腹立ちます。なんでこの私が、大事な人生の一時を割いて、アンタの妻の話を延々聞かなくちゃならないのよ。そもそも、アンタの妻なんかにこれっぽっちも興味はないし、妻を大事にしている、その事実は評価もするし立派だろうし、家庭円満、なによりでございますが、だから、なんなの!?　と思いますし。

腹立つ最大の要因を考えると、妻自慢をするその奥の「僕が選んだ妻なんだから素晴らしくて当然」と疑いもしない、稚拙な自己愛、自分のことしか考えていないらしい頭の中を見ちゃうからなんでしょうね。「世界は僕と僕の家族のまわりを回っている」というような。勘弁してくれ！　と思いますよね。

夫と子供とペットの自慢話しか出てこない女に対しても、人は同じように感じるのかもしれません。オジサンたちが離れて座りたがる気持ちも、わからないでもない。

家族を大事にしているから、家族の話題が出てくるのですよね。とても愛しているし誇りに思うから、ついつい自慢っぽい話にもなってしまう。それは実に自然で美しい行為であり、十分理解できることではあります。

でも、他人はほぼ間違いなく、よその家族の話なんか、聞きたくもないし、興味もないし、勘弁してよと思っていることも、理屈抜きに事実なんです。

ほら、子供の写真だけ大写しの年賀状。あれを送る側の家族愛にあふれた思いと、それを受け取る側の白けた思い。それと共通するところがあるかもしれません。

そういうことで、話したいことは山々でありましょうが、人前での家族とペットの話は慎んでおいたほうがよさそうです。控えめにしましょうと気をつけたって、ついつい口から出てしまうに決まってますから、我々としては「話すまい！」と決意するぐらいでもいいのかもしれません。

「あら、だって私、自慢してないわよ、単に事実をお話ししているだけよ」

と言いたいでありましょうが、人が自分の家族に関して話すその九割は、当人は気がつかないながらも、ほぼ間違いなく鼻につく自慢話なものです。同時にそれは「自慢な家族を持っている私」の話でもあるんですね。要するに、ベタベタの自慢話。人が「面白くもない」とうんざりするのも、当然なんです。

「でも、じゃあ、何について話せばいいわけ？」

と途方に暮れるかもしれません。夫と子供とペットの話をストップされたら……話題なんてある？　と。

そうですよね、一朝一夕に、誰でも喜ぶ楽しくて洒落た会話を、というのも難しい。話題なんて、急に降って湧いてくるものでもありませんし。

ホント、どうしたらよいものやら。

ひとつ、方策はあるんです。上手に知的に会話をはずませる秘策が。

私事で恐縮なんですが、私はいろんな国で暮らしてきまして、その都度、外国の方と話をしなくちゃならない事態に遭遇してきたんです。ときには英語で、ときにはフランス語で、ときにはイタリア語で、ときにはポルトガル語で……。英語だってろくすっぽ、しゃべれませんから、それはもう大変です。

そういう中で、どうしてきたか。

ひたすら聞き手に回るんです。一生懸命じっと相手の目を見ながら、「そう、へぇ、そう……」と、さも感心したように、さも興味あるように、うなずいたりしてあげちゃう。微笑みながら、熱心に「ほう……ほう」って。

ただ「ほう」っと聞いているだけじゃあ、アホみたいですから、一言二言、相槌も打つ。集中して聞いていると、理解はできないまでも、何を言っているかぐらいはわかりますからね。「今年の小麦の収穫は去年の三倍に増えたけれど……」という話をしていたら、「まあ、三倍ですか！」と合いの手を入れる。わかるところでちょっと口をはさむ。それだけでぐんと「じっくり聞いてもらっている」雰囲気が盛り上がるし、ちゃんと理解して聞いている、という賢い印象も与えられるのです。

人って、誰でもみんな、自分の話をしたいものなんですよね。その自分の話を熱心に聞いてくれて、しかも感動までしてくれているらしい。そう思えれば、大満足なんです。

ですから、日本にいると「一人でしゃべっている」と評判の悪い私なんですが、異国では「とても親しみやすい、もてなし上手な夫人」なんて、言われていたんです。アハハ、ですよ。しゃべれないから、ただニコニコと相槌打っていただけなのにね。
でもこれ、ひとつの方策でありましょう。銀座でホステスとして人気者になるには、美人であるよりも聞き上手であることのほうが大事だ、という話も聞きますし。


ただ、そうやって聞き手に回っていると、自分のことをしゃべるチャンスがなくなってしまう。しゃべりたいことは山ほどあるのに、ストレスフルなこと、この上ない。夫の自慢も子供の自慢もペットの自慢も、どこに持っていったらいいのよ！　ですよね。

そういうときは、

「ちょっと自慢なんですけど、いいかしら」

と言ってみるといいかもしれません。

自慢じゃないふりして自慢されるのは鼻につきますけれど、そうストレートに来られたら、相手は「はあ、どうぞ」と言うしかない。

「まあ、しゃあないなぁ、短めにね」

と、しばらくは我慢して聞いてくれる……かもしれません。

立食パーティーで真っ先にスイーツを取らない

言っちゃあなんでありますが、私たち日本の女性って、妙にバイキング、好きですよね。バイキングといっても、海賊のことではないですよ。並べてある料理から好きなものを好きなだけ取る、あのバイキングです。食べ放題、取り放題ってヤツですね。

何の統計があるわけでもないですが、たぶん世界で一番、日本の女はバイキングが好きなんじゃないかと思うほどです。

そうでなければ、あれだけたくさんの女たちが昼日中からお洒落し、目を輝かせて、バイキングの順番を待つ列をなしているはずがない。

いつだったかモルディブのホテルで、バイキング形式の食事で祝うクリスマスを迎えたことがありました。いろんな国の人が混在する中で、真っ先に料理の元へ飛んで行き、長い列を作り、我先にお皿いっぱいに取り分けるのは、みごとに日本人ばかりでありました。外国人の方々は、空いてくるまで、テーブルで談笑しながらゆったり待っているというのに。

バイキングに熱くなるのは、女のみならず、日本人全般の習性なのでしょうか。

遠く子供の頃、確かにホテルのバイキング、というのは憧れの象徴でありました。おなかいっぱいに好きなだけ食べられるなんて、子供心になによりも嬉しくって、年に一度クリスマスのときに連れて行ってもらえるそのバイキング料理を、私は指折り数えて、楽しみにしたものです。貧しかったあの頃、でありますよね。

子供ならいい、食べ盛りの若者ならいいのです。おなかいっぱい好きなだけ食べたい、というのは正常で素直な反応でありましょう。

しかし、この飽食の時代に、いい年した女が、やっぱりバイキング、食べ放題というのはいかがなものか。

「だって、同じ値段で、好きなだけ食べられるのよ」

と我が友は言いますが、確か、ダイエットのこと、さんざん気にしていたのもキミだよねぇ、と口をはさみたくもなります。

そもそも大人の食べ方というのは、少量でいいからパスタは茹でたてを、肉はジュッと音立てているところを、と求めるものではないですかね。

ま、それはそれでよしとしましょう。

好きだというのを、無理にやめる必要も理由もない。しかし、これだけは勘弁してよ、やめましょうよ、と言いたいことはあります。

デザート用に出ているスイーツを、真っ先に五つも六つも取ってくること。さらに取ってきたスイーツを、

「ちょっと味見してみよう」

なんぞと言い訳しながら、真っ先に食べ出すこと。

「ケーキ好きなんだもん、いいじゃない。誰に迷惑かけるでなし」

と我が同期たちは言っています。

確かに誰にも迷惑はかかりませんが、しかしやっぱり、どうなんでしょ、大人の女の気品に欠けませんかね。中学生ならいざ知らず、いい年した女が甘いものをガツガツ食

べるって、美しい感じ、しないじゃないですか。しかも全種類をお皿いっぱいに取って。スイーツというのは食事の最後に、ゆっくりくつろぎながら、ほんのちょっといただくものではなかったか。

もっとも、自分でお金を払って食べるバイキング、食べることが目的で来ているのですもの、好きなものを好きなように食べる、他人があれこれ言うことではないのかもしれません。言いたいけれど、余計なお世話と言われれば、その通りだとも思います。

ただ、こういうふうにバイキングに慣れてしまうと、人と会って会話をするのが目的の立食パーティーの席でも、同じことをやってしまいがちなんですね。

パーティーが始まるやいなやテーブルに飛んで行って、めぼしい料理をお皿いっぱいに取る。高そうな肉や海老を集中して取る。ケーキも早めに一人でいくつも確保する。

数千円の会費払ったんだから元を取らなきゃ、というのもあるのだと思います。高級ホテルの料理をこの機会に食べておこう、という気持ちもあるでしょうし、早く取らないとなくなっちゃうでしょ、という消費者としての自然な反応もあるのでしょう。ここでしっかり食事をすませちゃおう、というたくましき計画もあるのかも、とも思います。

でも、こういう大勢の目がある場こそ、気品ある女をアピールする、絶好の機会であるはずなんですね。

食べ物との対し方って、お里が知れると言いますか、その人の品の良し悪しがわかってしまうところがあります。高級ドレス着て、気取ってグラス持っても、お皿いっぱい料理を取ってガツガツ食べていたら、成り上がり者って思いますし。

ぜひともこういう機会こそ、バーンと艶やかな大人の女っぷりを見せつけておこうじゃないですか。


ノウハウ、あるんです。

まず、パーティーの際には「会費は参加費」と思い込むことです。ゆめゆめ、夕飯をこの場ですまそう、なんてあてにしないことです。払った分の元を取ろう、なんて思うから意地汚くなる。そもそも人数分の料理なんて用意されていることはないですから、はなから期待するほうが無理でもあるのです。

その代わり「あとで食事しましょ」と約束を作っておく。ステキな男性とのデートがセッティングできれば理想的でありますけれど、そうでなくても「そっと抜け出して、あとでもっと美味しいものを」なんて示し合わせておけば、なんだかとても「お洒落なオトナの行動」って感じがします。

そうして、飲み物だけは、しっかりいいものを飲んでおく。飲み物って、人と会話しながら飲んでいる分には、そうガツガツしているようには見えないものなんです。優雅にグラスを持って、シャンパンとワインの二、三杯飲んでしまう。ついでにスモークサーモンの二枚でも品よくつまんでおけば、あるいはメロンの一切れでもいただいておけば、今宵のアペリティフとして上等でしょう。もちろんそれだって金額的元は取れないのでしょうが、十分品のいい、パーティー慣れしている女をアピールでき、それがステキな出会いにつながるかもしれないわけで、実利的元は取れるかも、なのです。

そう解説したら、いつもケーキを何個も取る女に叱られました。

「アンタさぁ、意地汚い点では人のこと言えないんじゃない？」

まあ、確かに、どっちもどっちであるのかもしれませんが。

ときにはガツンとご馳走できる

女って、妙にお金の使い方に細かいというか、しっかりしているというのか、ケチくさいところ、あるのではないでしょうか。私は確かにそうでありますが、私だけじゃないわよ、女の共通項よ、と思うわけなのです。

食事のときもそう。女同士だと一円の単位までしっかり割り勘というのが基本定理ですものね。お店の人に「会計は一人ずつで」と言うのも、必ず女のグループです。

「あ、私が食べたのは、この安いほうのパスタと、ピザの七分の一、みんなはワイン飲んだけれど、私はほんの一口だから、一四二〇円ね」

なんて言う人だっていますもの、女の世界ってシビアです。

まあ、若い頃は「若い女の子」というだけの理由で奢ってもらったりする機会も多かったですし、それが「女の価値を測る指標」みたいに思うこともあって、ついつい、食事の際に人より余計に払うことに、無意識下での反発と抵抗があったりするのかもしれません。確実に甘い解釈ですけれど。

フッーの勤め人やっている女友達と、彼女の知り合いがやっているという、ちょっと高級なレストランに行きましょ、ということになったんです。メンバーは彼女と私と、もう一人若い女友達。

高級レストランだなんて出費だけれど、まあ、たまにはいいでしょ、お付き合いしましょ、と私たちは従ったわけですが、その店に行ったら彼女、

「ここは私の縄張りだから、今日は私が奢るから」

と言うんですね。そして「せっかくだから」とお値段の高いコースにしてくれて、お酒を飲まない彼女が「好きなの注文して」と高いワインまで取ってくれて。

いろいろお世話になったし、ここ、私が無理やり連れてきたのだから、と言い張るわけですが、たいした世話なんかしてないし、無理やり連れてこられたわけじゃあない。大企業で働く独身の彼女だから、もちろん余裕はあるでしょうが、だからといって、ものすごいお金持ち、というわけでもない。

もっとも、あまり遠慮して気が変わられても困りますから、どうもどうも、とたっぷりご馳走になって、とっても満足だったわけですが。でも、思いましたね。

「負けたな」って。

ご馳走になると人は相手のことを悪くは言わないものでありますが、こういう度量というか、気風《きっぷ》のよさって、たまに男性では見ますけれど、女はねぇ、なかなかできない。自分にできるかと問うたら、かなりあやしいですもの。まあ、「お世話になったからご馳走するわ」ぐらいは言えるかもしれない。でも、きっともう少し安いレストランを選んだに違いないのです。ケチくさく安めのコースにして、ワインなんか、安いほうから二番目ぐらいのを選ぶに決まっている。

そういうことを考えるほど、負けた、と思いましたね。こんなことで勝ったも負けたもないですが、女の器量、大人の振る舞いというのですかね、チマチマせずにガツンと気前よく人にご馳走する、というの、みごとに「大人の女」って感じしましたもの。

そうできないところが、「オバサン的みみっちさ」なんでしょう。

「一円を笑う者は一円に泣く」ではありますけれど、細かいお金にばかりこだわって人のためにお金を使わないでいると、スケールの小さい人間になりそうな予感はします。たかが一回奢っただけ、奢られただけの話なんですけれど、一緒にご馳走になった若い女友達は、きっと彼女に対する評価、私に対する評価を修正したに違いありません。

「女の器っていうのは、ポロポロいろんなところから見えるものよねぇ」なんて言って。

参ったな！　であります。

ときに、ガツンと人にご馳走できる女でいたいですよね。そのときはおくびにもオドオドした態度を見せず、大らかにさっぱりと、気前よく払う。

もちろん、家計を守るために主婦的倹約は続けないわけにはいかないですが、それはそれとして、見せ場にはドカンと気前よく使う。

「たまには、オネーサマにまかせなさい！」

そう言って若い連中を引き連れ、ビヤホールぐらいに繰り出す。

「いつも奢っていただいているばかりですから、たまには私が」

と言って、オジサンたちがときどき奢ってくれる安居酒屋よりも、ぐんと高級で洒落た店に男たちを案内する。

「お義母さま、ときには盛大にお祝いをいたしましょ」

とお姑さんのお誕生日祝いを、寿司でもカニでも、ローストビーフでも並べて華やかに盛り上げる。ウーム、いかにもかっこいいじゃありませんか。


「ええ～？　この私が人の分まで払わなくちゃいけないの？　そんなお金ないわよ」

と、それでも納得いかないアナタ。

ちょっと自分のタンスの中を思い出してみませんか？　勇んで買ったはいいけれど、ほとんど着ないまま、肥やしになっている洋服がどれだけあることか。人に振る舞ったところで、あの、まったく無駄だったワンピース一枚分、ブラウス一枚分ほどの支出にもならないかもしれないのです。

その程度のことで、女の器量を堂々と披露できるのです。器量、見せてやりましょう。

大人の振る舞い、教えてやりましょうよ。

それに、ご馳走するなんて、たまにでいいんです。ほんの、たま～にで。

女友達をおろそかにしない

女友達とは、安手のアクリルセーターみたいだ、とずっと思っておりました。一見手軽でよさそうだけれど、着てみるとどうにもチクチク気に障る。さほど温かいわけでもなく、ときにはこんなもの着るんじゃなかった、買わなきゃよかったと脱ぎ捨てたくもなる。でも寒かったり他に着るものがなかったりで、結局再び着てしまい、やっぱりその都度後悔するわけです。安物は絶対買っちゃいけない、としみじみ心にしみたりもして……。

そもそも、長いこれまでの人生の、どこの記憶の糸をたぐっても、女とのかかわりで、ありがたかったなぁ、とか、女のつながりって素晴らしいんだわぁ、とか、なんたって最後に残るのは女の友情よね、などと思ったためしがなかったですものね。

幼稚園の頃、いつも意地悪するのは、お金持ちのお家のヒロコちゃんだったし、小学生の頃、やりたかった劇の役をまんまと奪っていったのは、おとなしいふりしてメソメソ泣いていた女の子でありました。中学生の頃、男子には愛想よく貸すくせに、私には絶対ノートを見せてくれなかったのも、隣の席の女子でしたし、高校時代、憧れのキミの心をかっさらってくれたのも、仲良しだった女の子でした。

それらはみな、生きていればいくらでも経験することで、私は単に生きることを学んでいただけだったのでありましょうが、女同士というのは、同じ「女」を背負って生きているだけに、底意も見えるし、張り合うことも多いし、なんともやっかいな存在だと、私は悟った思いでありました。

その後女子大に入り、事態はますます最悪になるわけです。なにしろ、まわりは女ばっか、でしたから。

「女友達は卒業してからが貴重なのよ。長い付き合いができるのは女友達なのよ」

母親はそう言って慰めてくれましたが、どうしてもそうは思えませんでしたね。

そしてやっぱり思った通り、卒業し社会人になり、家庭を持つようになっても、一緒に食事したり、買い物行ったりしながら、どこかでお互い張り合っているわけです。あら、なんで彼女のほうがいいバッグ持っているの？　とか、どうして彼女の子供のほうがうちの子よりも出来がいいわけ？　とか。女の世界って、どうしていつも、こうなんでしょ。

少し前ですが、タレントの阿川佐和子さんと女優の檀ふみさんのやりとりを綴った本が評判になりました。

確かベストセラーになったと記憶していますが、その人気の所以《ゆえん》を考えてみるに、お二人の歯切れのいい文章もさることながら、読者は、ポンポンと言いたい放題言い合うその底の、強い信頼と評価と思いやりを見て取って、うらやましかったのだと思いますね。女同士でもこういう友情を持てるんだ、いいなぁ、と。理想の女の友情像をそこに見たような気がしたのだと思います。

私たちってなんだかんだと張り合いながらも、本当は女の友情を期待し、切に求めているのではないですかね。

さて。女とのかかわりに疑心暗鬼で来た私でありますが、五十の声を聞くようになって、どうも様子が違ってきたのです。

夫と旅行するより女友達と行ったほうが楽しい、と思っている自分がいる。つまらない男と飲んでいるよりは、女同士で気楽に飲んだほうが楽しいと思っている自分もいるんです。自然に悩みなんか打ち明け合ったりして、妙に居心地がよかったりするし、心が通い合っていることに気づいて、びっくりしたりすらするのですね。明け方まで話し込んでも話題が尽きなかったりもして……。

そうなんです。もう、たくさん！　と思っていたはずの女友達と、いつの間にか温かい時間が持てるようになっていたのです。

どうしてだったのでしょう。

あんなに手をかけて育ててきた子供は、さっさと親から巣立ってしまう。夫は次第にショボくれてくるし、もうチヤホヤしてくれる男たちもいやしない。

しかもどうやら更年期です。体のあちこちにガタも来て、つまらない見栄やらプライドよりも、健康で日々を送れることのほうが、どんなにありがたいかもわかってきます。

そうやってふと見回すと、同じように人生を経て、少々くたびれた同輩がいるわけです。同じように更年期で苦しみ、子育ての苦労も味わい、社会の中で揉まれてきた私たち。女ばかりが生き残りそうな高齢化社会の下、今後ますますいろんな思いを共有するであろう私たち。

苦労した分だけ、相手の苦労がわかるようになってもいる。他人事でないだけ、お互いの境遇も思いやれる。生きてきた過程でそれぞれに丸くもなり、成長もし、そうやって変遷を経てみれば、女友達って案外に貴重な存在で、支え合っていく大事な同朋だった、というわけなのでしょう。母の言葉「将来、女友達が貴重になるから」は、今頃になって輝き出してきた、アクリルだったはずが、いつの間にかカシミアの肌合いをかもし出していたのです。

私なんぞが、エラソーに言うことではないですが、これまでいくら裏切られ出し抜かれ「もう、たくさん！」と思っていても、女の付き合いは大事にしておいたほうがいいと思います。五十過ぎたとき、いい女友達がいるような、そういう人間関係を築いておくことです。

それにしても、いい女友達って、どういう人なんでしょう。

なんでも言い合える人、相手の欠点も認められる人、相手の成功を心から喜べる人、男関係の失敗談まで話せる人……といろいろ意見はあるのですが、あえてひとつを選ぶとしたら、「私が生きていることを、心底願ってくれている人」なんだろうと思います。

自分が死ぬか生きるかの難病にかかったとして、きっと恐れや不安を抱え込むのだと思うんです。そんなとき近くにいて、自分と同じぐらいに「生きていてほしい」「絶対に死なせない！」と思ってくれるとしたら。過去にお互い、張り合ったり、裏切ったり、ウソをついたりの歴史があったとしても、ああ、私にはいろんなもろもろを乗り越えてきた、本当の女友達がいるんだ、と思っていいのだと思いますね。

そして、そういう友達がいると思えるあなたは、すごくイイ女なんですよ。きっと。

通り一遍の挨拶をしない

不幸には、できるだけ遭遇しないで生きていたいものです。

自分の不幸は当然ですけれど、人の不幸にも別の意味でできるだけあわずにいたい。困ってしまうのです。どういう顔をして、どのような言葉をかけたらいいのか、いつも途方に暮れてしまうんです。

ああ、こういうところに、大人の分別と、人間の本質と器量が透かし見えてしまうのだろうなぁ、と思うだけに、余計に緊張して、どうしていいかわからなくなってしまう……。

親しい人の身内に不幸があったとしますね。きっと悲しんでいるのだろうな、つらいだろう、何か言ってあげたいと思うのですが、どうしても空しく響くような気がしてしまう。

相手から見ればこちらはしょせん、他人事の立場なわけです。ときには会ったこともない人の死だったりするわけでしょう。死というものに対する厳粛な気持ちはもちろんありますが、あまり神妙な顔をするのもわざとらしいだろうと、考えてしまうわけです。大げさな哀悼の態度はいやらしいだろう。といって、明るく振る舞うわけにも当然いかないわけです。

「大変ね」じゃ違うだろうし、「元気出してね」も少し変な気がする。うっかり妙な言葉を発してしまって、相手を傷つけたらどうしようかとドキドキしてしまう。

そうやって迷いに迷い、結局「ご愁傷さまです」「お悔やみ申し上げます」などと、あまりに通り一遍な言葉をモゴモゴ、口にしてしまっているわけです。

そんな言葉しか出ない自分が情けないと思うものの、あれこれ考えても、どうもしっくりこないような気がして、結局やっぱり、その辺に落ち着くしかないんですね。

相手が病気の場合は、もっと困ります。癌などの難病を告白されたりすると、なんと言っていいのか、言葉が見つからない。

「きっと大丈夫だよ」

としか言いようがない気もするのでありますが、医者でもない自分が、何の根拠で「大丈夫だ」なんて言えるのかとも思うし。聞かされるほうだってそう思うだろうな、とも想像してしまう。「なんでアンタにわかるのよ」と、私なら思うでしょうし。

だから「きっと治るよ」とも言えないし、かといって「頑張って」もなんだか空々しい。

闘病中の友人も、「頑張れ」と言われるのが一番嫌だと言っていましたっけ。

私は元来丈夫な質《たち》で、お産以外で入院したこともなかったのですが、一度だけ、大腸癌検査で引っかかり、内視鏡検査を受ける事態になったことがあるんです。

まだ、ポリープがあるかどうかも確定しておらず、あったとしても、それが良性か悪性かもわからない段階で、世間から見れば「そんなこと、みんな、いくらでも経験しているよ」という状況だったんですが、当の私はすっかりオロオロとうろたえました。もう自分の余生はないのだろうか、せめて息子が大学に入るまで生きていたかった、ああ、いろいろ不満ばかりで生きてきたが、こういう平凡な日々がなんと貴重だったのだろう、などなど、グジュグジュ思い詰めたものです。

明日が検査というその前の晩、不運にも、うっかり電話をしてきた男友達がいたんですね。共通の友達と会って楽しかった、とそういう他愛もない話を実に楽しそうに報告する相手に、私は腹を立てて言ったものです。

「こっちが生きるか死ぬかのときに、よくも楽しそうにしていられるものね」

まずいときに電話してしまったと、彼は後悔したろうと思いますよ。

「だって、癌であるわけないじゃない」

そう取り繕うわけですが、私はますます腹を立てて、

「そんなの、何が根拠で言えるのよ。他人事だと思って、よくも安易に言えるわね」

と噛みつきました。気の毒に、テキはあわてて言葉を変え、

「たとえ、癌が見つかったとしても、そんなの切っちゃえば治るんだから」

と慰めるのですが、私の神経は荒立つばかり。

「切っちゃうだなんて、信じられない！　よくも平気で言えるわよね。手遅れということだってあるし、手術で死んじゃう人だっているじゃない。そりゃあ、そうよね、手

術するのは私で、キミじゃないのだから平気よね。嫌だ嫌だ、こんな男だとは思わなかった」

そして思いっきり音を立てて、受話器を置いたのでした。

不幸の中にいる（と思っている）人への言葉は、難しい。

それ以来、私はひとつだけ、しっかり気にしよう、と思っていることがあります。

「自分がその立場だったら、どう思うか」

自分が身内の死を迎えたとき、自分が難病だとわかったとき、どうされたら嬉しいか、なんと言われたら励みになるか。どう言われたら腹が立ち、どうされたら「コイツとは、もう二度と会わん」と決意するか。

そうは思っても、本当に慰めになる言葉なんて、そうそうあるものではないわけです。言葉が見つからないまま、相変わらず曖昧にモゴモゴとごまかすばかりで。

ブラジルのリオデジャネイロで、日系人のお葬式に参列したことがありました。異国で何十年も苦労し寄り添ってこられたご夫婦の、奥様が喘息で、急死されたのです。

相変わらず、どう言葉をかけていいのかわからず、通り一遍の挨拶しかできない私の後に、故人と古い付き合いの、日系の婦人がやってきたのです。

そして、一人残された夫に彼女は黙って近づき、そっと彼を抱きしめた。温かく、静かに、しかし、しっかりと思いをこめて。

さっきまで気丈に挨拶に応えていた、年老いた夫の肩が震えていました。

ああ、これなんだ、と思いましたね。言葉なんかいらなかったのです。そっと優しく抱きしめる。それだけでよかったのです。

そうだ、そんな簡単なことだったのだ、言葉じゃないのだ、そう思うものの、気持ちをこめて抱きしめる、というそのあまりに自然で素直な表現を、自然に素直にできそうもない自分がいるわけです。

それができるようになると、女も一段、上級になれるのでしょう。

私もまだまだ修行が足らん。と思いつつ、今も、相変わらずモゴモゴと、もどかしい思いを噛みしめながら、曖昧な言葉をつぶやいているのです。

四章

男女の仲を楽しむ

自分の年齢を人前で躊躇なく言える

我がオジサン友達の話です。

彼がまだ二十代だった頃。若いわりに渋い趣味を持っていたようで、バーの片隅でチビチビお酒を飲みながら本を読む、というのが、ささやかな楽しみだったのだそうです。

その同じバーに、やはり一人で来ては隅に座って本を読んでいる女性がいた。

なんとなく言葉を交わすようになり、映画を観たりコンサートに行ったりの仲になり、最後はホテルにも行くようになり、とまあ、お決まりのコースをたどったわけです。

あるとき、いつものようにホテルに入り、シャワーを浴びている彼女を待つうち、何気なくテーブルの上に置いてあった相手の免許証を、チラッとのぞいてしまったのだそうです。本当に、ただなんとなく。

そこに書いてあった生年月日には、大正生まれと記されていて、確かに年上だとは思っていたけれど、三十歳近くも年上の、母親と同世代の女性だったとはツユ知らず、さすがに彼は大きくショックだったらしい。

「でも、それからだって付き合ったし、僕は年のことなんか気にしなかった」と彼は言いますが、どうも、それから次第に疎遠になってしまったらしいところをうかがうに、やはり「気にしない」と言いながらも気にしたのだと思いますよね。女の年齢というのは恋愛の世界において、無視するには大きすぎる十字架だった、ということなのでしょう。


彼の立場に立てば、今となっての笑い話ですが、相手の女性の立場に立ってみると、なんとも切なく悲しいストーリーで。

年を隠したく思う女心は他人事ではなく、しみじみと我が事です。

私自身、実は四十過ぎてからイタリアのローマで大学生をやっていたことがあるのですが、当時は年齢を明かせなくて困ったものです。

言おうと思うのに、喉から先へ声が出ない。

「チヅコがいくつだって気にしないし、年を経るというのはステキなことだし、年より若く見えたとしたらもっとステキじゃない」

なぜ隠すの？　とイタリア人友達は不思議がりましたが、やっぱり言えませんでしたよ。

漠然と「年上」と思っているのと、はっきり「あ、母親と同い年なんだ」「私の倍なんだぁ～」と認識するのとでは、印象はゼンゼン違いますものね。

「エエ～！　そんなに年なんですかぁ！」

と驚かれるときのやるせなさ。

それでも、なんです。それだからこそ、でもありましょうか。女は、恋の可能性を捨てることになったとしても、もしかして仕事にも影響するかもしれなくても、実年齢を潔く、さらりと明かせるくらいの度胸を持っていたいと思うのです。

それが女の器量じゃないか。

女性を見分けるのに、私はひとつの基準を設けています。

年を隠すか、隠さないか。

作家や評論家や女優さんや、いわゆる文化人とされる人たちの、著書や紹介プロフィールを見ますよね。生年をちゃんと明記している人は、ああ、大人の女性なのだと判断します。信頼できる人だろうと思うし、この人の言うことなら耳を傾けようと思えます。

いくら日頃エラソーなことを言っていても、いざ、自分の年となると言わない人は「結局その程度よ」と思うことにしています。まあ、間違いなく底は浅いでしょう。

女性に年をたずねるのは失礼だ、と言う人がいますが、本来、失礼でもなんでもないはずなのです。むしろ「失礼だろう」と気を遣う、そこが失礼なのだと思いますね。

年というのは、その人のたどってきた人生を表すひとつの指標なわけです。戦争を体験したのかしなかったのか。東京オリンピックのときに何を感じ、大学紛争とどうかかわったのか。男女雇用機会均等法施行のときには、どういう立場で何を思い、バブルのときには何をしていたのか。

そういうことはその人その人の人生と思想と哲学に、微妙な、しかし確かな影響をもたらしているのです。

相手の年を知りたいと思うのは、その人の背景を知りたいということで、その人のことをもっと知りたい、ということなんですね。

年を聞くことは、だから、決して失礼なことではないのです。むしろ、もっと知りたい、という興味の表れでしょう。そういう自分への関心に応えるためにも、さらに、生きてきた自分に誇りを持つためにも、堂々と実年齢を明らかにするぐらいの器量は、持ち合わせていないと情けない……はずなんです。

あのイタリア生活時代、学生仲間に堂々と実年齢を発表して、もっとオープンに付き合っていたら、彼らともう少し深い関係が築けたかも、という反省は引きずっています。

でもねぇ、やっぱり言わないですむなら言いたかないわよ、ではありますよね。

正直に年を明らかにしたときの、若い女たちの勝ち誇った顔！　急に引いてしまう若い男の子の態度。そういうことを考えると切なくもあり、腹立たしくもある。

その辺の逡巡をどう治めるか。

「悪いけどね、キミたちが想像する以上に立派な年よ！」

とふんぞり返る。

「あれ？　知らなかった？　○歳よ。なんか文句ある？」

とすっとぼける。どうしてもその気にならないときは、

「二十代から五十代の間よ」

ぐらいの大まかな線で逃げちゃったって、たまにはいいですよね。

そして、心底実年齢を言いたくないときは、同世代の人たちとばかり付き合うのがいいかもしれません。右向いても左向いても、上も下もない同い年の世界。同級生、大事にしておきたいものです。


そうそう、反対に、年を隠さないのはいいけれど、

「いくつに見えます？」

と二言目には嬉しそうに聞く人、あれも実は困りますよね。いろいろ推測させて、

「ゼンゼンそんな年には見えなかった。お若く見えますねぇ」

と言わせたいのがミエミエの人。

若くないことを隠したい人と、若く見えることを自慢したい人。結局いつも「若さ」にこだわってしまっている私たち。

本当は、年をとることが羨望される世の中であるべきなんですけどね。なかなかそうはならないところが、ちょっと残念ではあります。

「キミって面白いね」と言ってくれる男友達がいる

男と女の間に友情なんて、成り立つのだろうか？

若く青かった昔、そんな議論を誰でも一度はしたのではないでしょうか。

「きっと成り立つと思うわ、お互いの志次第だと思うわ」

「そうかなぁ、しょせん男と女なんて、好きか嫌いか、それだけだろう」

てな具合の意見を真剣に交わしたりもしたことでしょう。ウブでかわいかった私たち。

年を経て、今になってしみじみわかるのは「そんな面倒くさいこと、今さらどうでもいいじゃん」でありますかね。

友情であろうとなかろうと、底の思いが淡い恋心だろうが、秘めた熱い思いだろうが、単に気が合うだけだろうが、そんな七面倒くさい分析なんか必要もない。楽しいから付き合う、それだけでいいんですよ。

そういう目で世の中を見てみると、案の定、生き生きとしてステキだなぁ、という女性には、まず、間違いなく男友達が何人もいるのですね。イイ女に男友達は必需品です。

彼らは、軽薄でもいいけれど、知性がある人であってほしいですね。ブ男でもハゲでもチビでもいいから、楽しい人でいてほしい。いつもご馳走してくれる男でなくてもいいけれど、たまには奢ってくれるぐらいの甲斐性はある。オジサン臭フンプンでもいいから、人生経験豊富で最後の最後は頼れそう、とそういう男であってほしいですね。

お互い気の向いたときに時々会って、お酒でも飲みながら、仕事の不満、家庭のグチ、今後の夢や社会への怒りなどをあれこれ語り合う。そうして少し触発された気がしたところで、「じゃあ、またね」と言ってサバサバと右と左へ別れるのです。

おそらく彼らはアナタのことを、「憧れの女性」だなんて思っちゃくれないのです。「会えるだけでドキドキする」相手でもなさそうだし、「なんて美しいんだろう」と言ってもくれそうにない。でも、

「キミって、ホント、面白いね」

とは思っていてくれる。

「女と話しているだけで楽しいって経験、今までなかったよなぁ。俺たち、不思議だよね、何時間でも飲めちゃうよなぁ」

なんて、言うんですね。憧れのマドンナではないけれど、一緒にいて肩が凝らず、なんとも愉快で居心地のいい相手。そう、田辺聖子さんの小説に出てくるような、男と女の関係。

確かにそれでは、少し物足りないような気はするわけですが、実はそれっくらいが、大人の男と女の距離感としては最も粋なんじゃないですかね。そしてたぶん、女として最高に評価されている、ってことなんですよ。

「わかったけれど、でも、そんな男友達なんて、今さらどうやって見つけるのよ！」

とアナタは怒るかもしれません。ずっと夫だけを大事に生きてきたのだもの、そんなの見つけられないわよ！　と。

本当は若い頃から、いろんな出会いを大事にして、その中からめぼしい男友達を確保しておくべきだったんですよね。

でも、今さら過去には戻れない以上、さて、どうするか？

仕事をしている人なら、異業種間交流とか勉強会とか、どんどん出て行くといいらしいです。

我が友人は、夫婦で事務所を開いているため、一日中夫と一緒、しかも家とオフィスの往復ばかりの毎日なんですが、数年前から少人数や中人数での高校の同期との集まりをバンバン開いて、なんだかやたら楽しそうにやっています。

男友達を一番開拓しやすい場所って、どうやら学生時代の同窓生なんですね。オバサン顔の奥に、昔のウブでかわいかった頃を透視してくれる数少ない男たちがそこにいるわけですから。

そういう過去の掘り出しが難しい場合でも、ご近所仲間のマージャン同好会やゴルフツアーに参加して、大勢のオジサン友達を発掘している友人もいます。

イケメンでなくていい、かっこ悪くてもいい、オジサンでいい、年収が低くてもいい、多少下品でもいい、ただ面白ければいい……と基準を下げてさえいけば、男友達を見つけるのなんて簡単なんです。生涯の伴侶とか、一生の恋人とか、そういう相手じゃないわけですし。

「でも、しょせん男と女でしょう？　なにかが起こったらどうするの？」

そういう声が必ずあるのが世間です。

「自分の夫や妻が、他の女や男と会うというそれだけだって、絶対に我慢できないことじゃない」

と言う人もいるんですね。

あなただって、

「嫌だわ、男の人と二人で会って、変な誤解を受けたくないわ」

なんぞと思うのかもしれない。

そう思う清く正しい堅い女性は、家で静かにくすぶっていてください。

いいじゃないですか、人類の半分は男性で、地球には何十億もの男がいて、それぞれに面白かったり、愉快だったり、味があったりするというのに、「間違い」や「世間の目」を気にして放っておくなんて、あまりにもったいないじゃないですか。

夫は夫。男友達と夫は別物です。

なにか言われそうだったら、

「そりゃあ、男と女ですもの、なにかあっても不思議じゃないわよね。でも、なにかあってもあるとは人に言わないものだし、なんにもなければ、あるとは言えないし……フフ、どうだろ」

なんぞと煙に巻いておけばいいのですよ。

この年になって世間から後ろ指さされるなんて、女の勲章、女冥利じゃありませんか。

それに、現実問題、そんな「妖しい関係」なんて、年とともに意欲も気力も体力もなくなって、残念ながら心配しようと、期待しようと、およそ無駄だったりするんですよね。

ちょっとがっかり、でもあるわけですが。

いくつになっても若い男に慕われる

世の中には掛け値なく「立派です、たいしたものです」と認めるしかないってことが、あるわけです。意地悪だったお姑さんの介護をずっと続けた、というのもそうだろうし、一代で巨大な財産を築いたというのも、そうだろうし。

それらのことから比べればおよそ次元もレベルも低いのだけれど、でもやっぱり「立派だ、たいしたものだ」と認めるしかない、ってこともあるんですよね。この場合、「悔しいが」という一言がつくわけですが。

そして確実にここに入る、と考えられるものに、「慕ってくれる若い男がいる」というのがあるように思うわけです。「多分に悔しい」けれど、立派！　と認めるしかない。

この、女は若けりゃいい、みたいな意識がはびこっている世の中で、年のいった女がオジサマにモテることだってなかなかないのに、ピチピチの若い男から慕われる、というのですから。

かつてかわいかった私でもなく、昔はきれいだった私でもなく、今の私、年を経てシワが増えても、お乳が垂れてきても、すり減るどころかステキになっている私！　の動かしがたい証拠ですものね。女の勲章ですよ。そりゃあ、胸張っていいし、得意になっていいのです。

「若い男に慕われる」というのは「イイ女の条件」のかなり高ポイントと考えていい。

ただ、その慕われ方というのは、やはりさすがに大人の女としての、品格と美意識あるものであってほしいですよね。十代の恋のような、熱く狂おしい、なんて思い詰めたものではないほうがいいし、昼メロみたいなドロドロ濃厚、でもないほうがいいのです。「尊敬しています」でもいいけれど、それだと少し寂しいかな。「同世代の男友達みたいな女性」では違うし、「なんでも買ってくれるオネーサマ」では、まずいですよね。目指すべきは、「一緒にいて、とても居心地のいい女性」でありましょうか。

「今度、僕とも一緒に、飲んでくださいよ」

と請われる感じ。

よって、そういう場合の二人の関係というのは、彼に全部払ってもらう、というのではなく、といって、いつもこちらがご馳走するというような、なんともたかられている関係でもないわけです。

原則割り勘、たまには、オネーサマである私が少し多めに払いましょ、ぐらいのゆるい関係が理想でありましょうか。

そしてその際、「○○さん」と苗字で呼ばれるのではなく、「△子さん」と名前を呼ばれる親しさがあるともう少しポイントが高く、「△さん」とさらに親しみをこめて呼ばれる仲であれば、もっとポイントが高くなる。

その若いカレシは、たまに友達から小バカにされたりするのですよ。

「おまえ、年増のオバサンと付き合っているんだって？」と。

そんなとき、彼は答えるわけです。

「女性をわかってないねぇ。僕にとってはゼンゼン、オバサンなんかじゃないんだよ。一緒にいて刺激的だし面白いし、勉強になるし、得ること多いし。女性と話しているだけで楽しい、ということ、僕は初めて知ったような気がするね」

そう言って、からかった友達を、見下したように見返したりするんですね。

その彼は、恋人からも責められることがあったりするわけです。

「なんで、私という女がいながら、そんな年増のオバサンと付き合うわけ！」と。

でも、そういうときでも彼は、

「あのね、はっきり言っちゃうとね、おまえと一緒にいるより、ずっと楽しいし心休まるんだよね」

なんて、答えてくれちゃうのですよね。

いいんです、彼には恋人がいても、妻がいても。彼にとって、あなたは、そんじょそこらの付き合いとは別格の、崇高なるものなのですから……という年下の男。

欲張りすぎだろうか……。


「そんなこと言ったって、どうやって、そんな相手を見つけるのよ」とアナタは言うかもしれない。若い男の子なんかと出会う機会も知り合うチャンスも、今の生活であるわけないでしょ、と。

そういうアナタは、せっかくのチャンスをウカウカ見逃しているのです。ポロポロと貴重な機会をとりこぼしている。

まずは、一歩外に出てみることです。パートの仕事でもボランティアでも、趣味のサークルでもなんでもいい。オープンカレッジだっていいし、資格試験の予備校でもいい。居酒屋に繰り出すのだっていいし、旅行会社のツアーに参加するのもいい。カラオケスナックに行くのだって、無駄ではないし、男友達の多い女友達に、何気なく近づく……という手もありかもしれない。うっかり、大正琴の会とかリリアン編みのサークルなんかを選ばない限り、出会いの場なんて、いくらでもあるのです。

まずは外に目を向ける。そして、そういう出会いのありそうな場を得たら、ここが大事なところなんでありますが、矛盾するようですけれど、いったん「若い男友達をゲットしたい」という欲望を頭の中から捨て去るのです。

どんなにさりげなく振る舞っても、そういう下心というのは、言動の端々に出てしまいます。これは、いけない。ヒジョーにいけない。下手すると、若い男に飢えた年増のオバサンととられかねない。

だから、「私がこういう場所に参加するのは、人生を楽しく生きたいからなのよ」と自分自身に言い聞かせる。そして、私は「新たに得た場をより楽しい場にするために」積極的になって、その場を盛り上げようとするんだわ、と思い込むことです。男なんて、どうでもいいのよ、興味なんてさらさらない、ただ、みんなと楽しくしたいのよ、と。


スタートとしては、さまざまな人と分け隔てなく親しく話す。そのときは、ほどほどに礼儀正しく、ほどほどに控えめに、ですかね。「誰とでもタメ口で話すのがオバサン」と思っている人、多いそうです。要注意ですよね。

そして、グループ交際から始めるわけです。みんなで親睦会やりましょ、とか、打ち上げしましょ、とか。

その際率先して、幹事役を引き受けるといいでしょう。「誰かが動いてくれるまで待っている」なんて考えないことです。強引にならないぐらいにそつなく仕切る。年上の売り所は、〝頼りがいのあるオネーサマ〟なんですから。人生経験の見せ所です。

家でパーティーをやる、というのは、その延長線としてかなり効果的です。「ねえ、今度は家にいらっしゃいよ」ってな感じで、明るくご招待する。人は呼ばれたということで、すでにもうホステス役に一目置いてくれるわけですから、アピールのチャンスとしての効率はすごくいい。

このホームパーティーというのは、確かに準備も含めて面倒なのですが、どれだけあなたの女っぷりを上げることか。日本人はもっと、家でのパーティーを有効利用するべきですよね。私の友人は、子持ちながら、自宅に招いて得意の料理を振る舞うことで、年下の金髪碧眼ハンサムドイツ人外交官を、夫としてつかまえました。

「彼は、私の料理に惚れたのよ」と、彼女は豪語しております。

ま、そういうあれこれで、話をする場を得る。あとはあなたの魅力次第。淡々と、焦らず無理せず、あなたの聡明さと知性と気品とセンスのよさをご披露すればいいだけで。得意な分野を持っているといいですよね、ワインに詳しいとか、ヨーロッパに詳しいとか、絵画に詳しいとか映画に詳しいとか。そして、話の流れで自然にメールアドレスを交換する。自分の名刺を作っておくと、話は早いです。

その際も「メールアドレス、教えてくれますか」なんて、ウブな若い子が吐くような台詞を言ってはいけないのです。

「あ、メールアドレス聞いておかなくちゃ」とか、

「メールアドレス教えといてくれないと、連絡してあげられないわよ」

なんて、高みから、事務連絡みたいに聞き出す。基本のスタンスは「みんなで楽しくするために」ですからね、「あなたと付き合いたいから」ではない、ということを忘れてはいけない。

メールアドレスを手に入れれば、五歩前進といえましょうか。声もかけやすいし、話もしやすい。いい時代になったものです。

そもそも、若い男性というのは、案外に年上の女性に対して偏見がないものなんです。さらに「年上のオトナの女友達がいるといいな」とも思っているものなんです。周辺の同世代の女のように乳くさくもないし、すねたりしないし、結婚を意識しなくてすむわ

けだからすごく近寄りやすいと思っている。年上の女を敵視している若い女と親しくなることより、実際はよほど簡単なものなんです。

そう思うと、勇気出ますでしょ。

ただ、若い男友達と付き合う鉄則だけは、頭に入れておいたほうがいいかもしれません。不愉快な結果に終わることなく、いい付き合いを続けられる鉄則。

・こちらからは言い寄らない。
・ややこしい関係にはならない。
・下手に出ない。

の三つ。

こんなオバサンと付き合ってくれて……などという卑屈な態度は絶対に見せてはいけないけれど、若い男と恋に堕ちようなんて、野望も持たない。そして常に、

「私は、子供と付き合っている暇は、あんまりないのよね」

という姿勢をチラチラ見せて、少し距離を置いておく。

老若に関係なく、男と付き合うときには、相手をつけ上がらせないことが肝要、ということですね。

正しくセクシーである

どんなに優しかろうと、頭が切れようと、あるいはお金持ちであろうとも、色気のない男には、女は惹かれないものです。単に、お金に惹かれる、地位に惹かれる……ということはあるでしょうけれど。

男の色気って、大事です。

でも、それと同じに、いやいや、もっとその何倍も、女の色気って大事なのだと思うわけです。女が男に色気を求める以上に、男や世間は女に色気を感じたい、と思っているに違いないのですから。女だって色気を感じない女には、ゼンゼン魅力感じませんものね。

我が身を振り返ってみても、きれいと言われるよりも（言われませんが）、優秀と言われるよりも（言われませんが）、色気あるよね、と言われるほうが、ゾクゾクッと嬉しいかも、と思いますし。

それにしても、女の色気ってなんなんでしょう。色気、すなわちセクシーさ、でしょうか。セクシーというと、エロと一緒にする人がいますけれど、それは違うと思うんですね。

生々しい性的なものというより、もう少しスマートというか、女のよさを感じつつのステキさ、というのでありましょうか。

ムラムラと性的に欲情するというのではなくって、ちょっとドキッとするくらいの、品のいいセックスアピールというのでしょうか。

そういう要素というのは、大人となり、成熟した女となった今こそ、求められることでもあるのじゃないですかね。

そしてそれは、女を強調すればいいってものではない。胸の大きく開いた、お乳がチラ見えるドレス着て、ショーツ見えそうに足組んで、ボッテリ口紅塗った口を半開きにして流し目送ればバカな男たちが色っぽいと思ってくれた、若い時代とは違うのです。

大人の女の色気じゃないと。

ローマで暮らしていた頃のこと、あるパーティーで、某有名出版社の女社長さんと同席する機会がありました。

レストランの庭に用意されたテーブルを囲んでのお食事だったのですが、食事の間中、件の女社長さんの胸のあたりが、気になって気になって、我々日本人は食事どころではなかったのです。

どう、気になってしかたなかったかというと、もう七十歳は越えていらっしゃるだろう社長さんは、その日、胸と肩が思いっきり大きく開いた派手なドレスを着ていらしたんですね。

おまけに、

「どう、私ってセクシーでしょ」

と言わんばかりに肩をそびやかし、婉然と私たちに微笑みかけてこられるんです。

人間七〇年も生きてくると、気をつけていたってシワもシミも目立つものですが、イタリア女性の常として、若い頃思いっきり太陽を浴びてきたのだろうと思われる、シミもシワもくっきり染みついた、しかも、しなびたお乳がチラ見える、そういう肌をドーンと目の前に出されると、私たちはどこに目をやっていいのか、困ってしまったのです。つぶれそうだった出版社を、大きく立て直した立志伝中の女社長さんです。話題も豊富なチャーミングな女性で、そんなドレスさえ着ていなければ、わざとらしい流し目さえ送らなければ、素晴らしいひとときになっただろうに、と私は腹立ちましたね。

まあ、他人のことはいくらでも言えるもの、自分だって、ついうっかりやってしまいそうではあるのですけれど、年を経たらそれなりの、色気の出し方があるはずなんです。でも、それなりの大人の女の色気、セクシーさって、なんなのよ？　でありますよね。

聞いてみました。

「藤あや子に見る、着物、襟あし、流し目、分厚い赤い唇だよ」

と言い張るオジサンもおりました。藤あや子さんのファンなんでしょうね。でも、唇の厚さなんて今さらどうしようもないですし、着物姿の女性は確かにステキですが、彼の挙げる条件すべてがなんとも表面的です。女の色気ってそんなに安っぽいものではないぞ、という気はしますよね。

「僕は、妖しい目というのに、ドキドキするね」

という意見もありました。妖しい目だなんて、猫でもあるまいに、どんな目をすりゃいいのだ！　と思いますよね。もっと、人間の本質を突く、色気の根拠があるだろう、と。

「人生経験と教養かな」

ある男がポツンと言いました。

「そうだね、教養があって人生を知っている人。かつ、恥じらいを持った女性だね」

と別の男も言いました。ほう、日本のオジサンも、なかなか深みのあること、言ったりします。

「身だしなみがちゃんとしているってことも大事だよなぁ。高い服を着ているってことじゃないんだ、ユニクロだろうと生協ものだろうと、それなりにこぎれいに着こなして、髪も整えて、ちゃんと薄化粧して人前に出る人って、いいな、と思うよね」

なるほど、次々出てきます。

「おばあさんにもものすごい色気を感じることがあるよね。それはなんなんだろう、と思うと、凛としているんだ。キリリとしたたたずまいというか」

「結局、自分流のスタイルを持っているってことかもしれない。人真似でなく、自分が選んだ自分の人生、価値観、着るもの、することすべてに揺るぎがない人」

ウム、なるほど。私なんぞがいきなりローブデコルテ着たって、学芸会にしか見られない、ということでありましょう。

でもまあ、世の男性たちが想像以上に、人間としてのまっすぐな生き方に女の色気を感じてくれているらしい、ということは、喜ばしいことではあります。これでもう、Dカップでなくたっていいわけですし、キュッと締まったウエストとか、細い足首とか、ゆで卵のような肌とか、そんなものを持ち合わせなくなってもいい、ということでありますし。

「私って案外、セクシーだったのね」

と、とりあえず人生経験だけはたっぷりあるお互い同士、思い込みたいところでありますが、しかし、ここで安心してはいけないのです。

「確かにそういう大人の色気は評価するけれど、でも、どっちがいいかなぁ、と考えると、やっぱり僕は若いオネーチャンのプリプリしたお尻や、大きなオッパイのほうが好きだなぁ」

という男は大勢いそうですものね。

「正しい色気」というのと、「好み」というのは、また別物でありますから。まあ、ほっときましょう、でありますけれど。

五章

胸を張って生きる

「美しい女」ではなく「聡明な女」を目指す

ずっと不満に思っていることがあります。

時代は着々と変わっているというのに、太古の昔から今に至るまで、なぜか人は女性に関してものを言うとき、ィの一番に、美人か美人でないかを問題にするのですよね。

「お姫様はとても美しい方で、王子様は幸せに暮らしましたとさ」とか、

「あそこのママは美人じゃないんだけれど、気がいいから店は繁盛している」だとか、

「ヤツはたいした男だよ。スポーツマンだし気前もいいし、やることが大きい。家にはきれいな奥さんもいるし」

といった感じです。

「そりゃあ、当然だろう」

と言われてしまえば、話はそれっきりでありますが、でも、どうしてそんなに美人であることが重要なのでありましょう？

美しいものを目にすることは、確かに心地いいことですよ。景色ならそれでいい、陶磁器ならそれでいい。

でも、ことは単純には語りようもない、生身の人間の話です。冷静に身辺を見回していただきたいものですよね。美人との会話が本当に楽しかったでありましょうか？　美人とのかかわりが、そんなに麗しく心地よかったか？

「彼は美人の奥さんで、幸せだね」

と多くの人が実に安易に口にしたりします。それが進むと「若くて美人の奥さんで」と「若く」が入ってくるわけですが、しかし、奥さんが美人だということは、そんなに幸せなことなのでありましょうか。そこに「若い」がつくと、もっと幸せなのでしょうか。

美人だからといって、家計をちゃんと守れるわけでもなく、亭主に優しいわけでもなく、料理がうまいわけでもなかろうに。

さらには、子供に向かってだって、

「サトシ君はお母さんがきれいで、いいよなぁ」

なんぞと世間は言ったりするのですよね。子供にとっては、美人な母よりも、それこそ優しい母やおやつを作ってくれる母や、勉強を見てくれる母のほうが、嬉しいに決まっているではないですか。

美人の女将というのも、世間はあれこれ持ち上げます。

しかし、旅に出て、旅館の女将が美人かどうかなんて、まったく関係ないではないですかね。料理屋に行くとき、女将の美醜がはたして問題になるのだろうか。旅館は部屋がきれいでサービスがいいのがよく、料理屋は美味しいものが心地よく出てくればいいわけでしょ？

美人の先生、美人のキャビンアテンダント、美人の受付嬢というのも、世間は気にするようでありますが、先生は賢ければよく、スッチーも受付嬢も、気配りある人であればそれで十分でありましょう。

かように古くから女を判断するに、いつも真っ先に挙げられてきたのが「美人」という要素でありました。皮一枚のことなのに、美人に生まれればチヤホヤされ、女の人生、これで安泰、という思い込みが常にあったわけです。

しかし、そろそろ人類は、ちゃんと目覚めてもいい頃でありましょう。ここには本来「聡明」という言葉が入るべきなのです。間違いはもういい加減、正しませんと。

聡明というのは、物事がよく見え、的確に判断できるということです。気働きができる、ということでもあります。

聡明な妻なら、夫は安心して家庭をまかせられ、日々の会話も楽しいことでしょう。聡明な母なら、子供はスクスクまっすぐ育つに違いない。聡明な女将なら、旅館も料理屋もこの先安泰だし、聡明なキャビンアテンダントが担当なら、長い空の旅も心地よさそうです。

歴史に業績を残してきた女は、みな聡明だったからではないですかね。美人というだけの女は、国を滅ぼしただけのはず。あのクレオパトラですら、実際はさほどの美人ではなかったそうじゃないですか。彼女がローマの英雄を二人も陥落させ得たのも、聡明さゆえであったに違いないのです。

女についてものを言うとき、真っ先に注目すべきは、「美人」かどうかではないのです。「聡明さ」を持っているかいないか、であるべきなのです。

そして女も、「美人」に見られるために汲々とするのではなく、「聡明である」ことを目指すべきなんです。すなわち、見識を磨きつつ、柔軟に活用し、かつ見識張らない、ということでしょうか。「大人だなぁ」とまわりをうならせる、そんな女ですね。

しかしここで、いくら私が強く主張しようとも、世間もメディアも男たちも、相変わらず美人であるかどうかをまずは気にしていくのでありましょう。なぜなら、美人か美人でないかは子供でも判断できますが、聡明さというのは、見る側のレベルも高くないと、なかなかわからないものでありますから。そして日本の世間もメディアも男たちも、残念ながらそうレベルが高いようには思えませんからね。

聡明な女って、ホント、浮かばれないんだわぁ。

お互い、そう思っていることにいたしましょ。

「いかにも○○」と陰で言われない

世の中には、表向きは誉め言葉だけれど実は悪口、というのがあるわけです。言う当人はそう意識もしていなくって、聞く側もさらりと受け流してしまうのだけれど、あとでよく考えてみると、絶対これは誉めてはいないわね、無意識に言う分、ずっとグサリと本音よね、という「真綿で首絞め」タイプのもの。

〝いい人〟というのがそれです。

ねえ、彼ってどういう人？　と聞かれて、

「うん、いい人よ」

と答えたら、それはたいてい、悪い人ではないけれど特徴のないつまんない人、魅力に欠ける平凡な人、よってどうでもいい人であることを指すわけです。便利な表現なので他人には頻繁に使ったりしますけど、

「うーん、カミタニさんって、そうねぇ、いい人よ」

とは、あんまり言われたくない。

〝いかにも○○という感じ〟というのも、そのひとつでありましょう。

ねえ、サチコさんって、どういう人？　と聞かれて、

「うん、いかにもいい主婦、って感じ」

という答えが返ってきたら、サチコさんは喜んだりしてはいけないのです。家事はしっかり一生懸命やっているようだけれど、それしか頭になくて視野の狭い面白くない人、細かいことにうるさくて、社会性に欠ける人、とそういう意味なんですよね。

あら、私はそんな意味で言ってないわよ、と人はあわてて否定するでしょうが、いんや、口にはしないものの、サチコさんを少々うっとうしく思っていることは疑いない。

「いい」がつくなら、まだいいのです。ここで、「いい」が抜けて「いかにも主婦って感じ」になったら、明らかに否定語と理解するべきです。

「ユカっていかにも主婦って感じよねぇ」

という、その言葉の裏には、主婦として一応やってはいるのだろうけれど、垢抜けな

くて、世の中の動きに疎くて、要するに主婦やっているしか取り柄のない女よ、という意味がしっかりと組み込まれているのですから。

あら、私はそんなつもりで言ってないわよ、なんて否定してもダメです。言葉の端々にただよう見下した空気は隠しようもない。

じゃあ、「いかにも働く女って感じ」だったらいいのかと思うと、これがまたそうではないのですよね。冷ややかな否定的視線が、ここにも厳然とただよっています。

確かに仕事はできるのでしょうけれど、いつもキリキリとんがっていて、女としての潤いがない。気は利くけれど計算高くてしたたかな女、というような。

「いかにも先生って感じ」だと、堅くて融通が利かなくて、面白みのない女、という意味になるし、「いかにも優等生って感じ」は、頭の回転は速いけれど、エリート意識フンプンで上昇志向ばかり強い腹立たしい女、という意味のはずです。さらにこれが「いかにも水商売の女って感じ」となったら、もう考察の余地もなく、悪口ですからね。

「いかにも」という副詞には、気をつけたほうがいいのです。

しかし、と思いますよね。

その道を一生懸命邁進してきたからこそ、「いかにも」の空気を身につけるのです。一生懸命頑張って、らしくなって、それでけなされては、踏んだり蹴ったりの話じゃありませんか。

そうだよね、それはないよね、と私もうなずくわけですが、人というのは、ことに女の場合、どうやらハンドルの遊びのようなものが必要なのじゃないかと思われるのです。どうして「ことに女」なのよ、と不満の向きもおありでしょうが、不思議なことに男の場合、「いかにも」でもいいんじゃないの、と許される部分がある。「いかにも職人」とか「いかにも学者」などと男に言うとき、それは決して悪口にはなっていないですからね。

世間というのは不公平で、女には「意外性」を求めるのじゃないでしょうか。言い換えれば、余裕、奥行きといった言葉なのでしょうが、単純に表面には出ない含みが求められる。「いかにも」じゃあ、女としてはつまらなくって、まだまだなんです。

主婦なんだけれど、ちっとも主婦らしくない。いいお母さんをやっているのに母親っぽくもなく、子供なんかいるのかしら、という雰囲気でもある。ものすごく仕事ができる人なのに、おっとりと柔らかくて仕事をしている女にも見えない。最高学府を出ている優秀な女のはずなのに、かなり抜けていておバカっぽい。お金持ちのはずなのに、お金持ち特有の気取ったところもないし、大勢の男からモテているはずなのに、あまりにさっぱりしていて色恋沙汰が想像できない。介護で大変なはずなのに、ちっとも疲れた印象がない。

そんな感じでしょうか。ふわふわとさまざまな顔が現れて、つかまえようもない不思議な感じ。「いかにも」がちっともない、得体の知れない感じ。

では。翻って我が身を見てみようじゃありませんか。「いかにも」がつくのか、つかないのか。

私の場合、怠け者で夜遊び好きだから「いかにも主婦」とは言われないでしょう。たいした仕事をやっているわけでもないから「いかにも仕事をする女」に見えるわけがない。優秀だったことがないので「いかにも優等生」に見えるはずもなく、失敗ばかりだから「いかにもできる女」と思う人はいないはず。

おうおう、「いかにも」がつかないじゃないの、と一瞬喜びたいところでありますが、くれぐれもここで安心してはいけません。

こういう女のことを、陰で人は「いかにもオバサンって感じ」とささやいていたりするものでありますからして。

「女の幸せ」にとらわれない

「女の幸せ」という言葉があります。「女の喜び」というのもある。

たとえば、きついブラジャーをはずしたときの解放感。暑い夏、一日はいていたストッキングを脱ぐときのあの快感。それを女の幸せ、女の喜びと表現するなら、それはいいのです。女だからこそ味わう、確かに喜びであり幸せ感でありますから。

でも、そういうときに使うんじゃないんですね。

「彼女も、キリキリ仕事してないで、さっさと辞めて結婚したほうが、女の幸せじゃないのかね」

なんぞというふうに使われるのです。

これが、その辺のしょうもないオッサンが言うなら、これまたいいんです。よくはないですけれど、まあ、そういう男は放っておきましょう、ということです。

問題は、そういう言葉を女自身までもが使うことなんですね。

「彼女も、女の幸せは得られなかったけれど、悪い人生ではなかったわよね」

というような。正確に言うと問題というわけではないんですが、なんというか、わざわざ自ら、枠にはめるのはやめようよ、という感じでしょうか。

女の幸せというと、結婚して子供産んで穏やかな家庭を築いて……ということでありましょう。でも、それがイコール女の幸せなのか？　幸せの形なんて、いろいろあって然るべきでしょ、型にはめないでよ、と思いますよね。


「女の喜び」だって、なによ、と言いたいところです。男に抱かれること？　子供を得ること？

それだけじゃないでしょう、女の喜びというのは、種々様々なものがあるべきなのに、世間は「女の喜び」を、あまりに特化しちゃっています。

わかりもしない連中が言うのは、もう放っておくことにしても、女をやっている我々同士で狭い中に押し込め合ったら、悲しいだけじゃないか、と思うわけなのです。

「女になる」という言い方も、気に入らないですよね。初めて聞いたときは、ウブな

少女でしたから、

「だって、もとから女なのに、なにをもって今さら女になるのよ」

と思ったものですが、要するにHをする、という意味だったんですね。

でも、そういう行為をしないと女になれないわけ？　もちろんそんなわけはない。あまりに男目線の言葉です。「キミもようやく女になれたね」というような。バカヤロ！　じゃないですか。

逆の「女でなくなる」というのも、不愉快です。閉経になって「女でなくなる」、手術でお乳を切ってしまって「女でなくなる」と使うのでしょうが、ジョーダンじゃない、と思いますよね。生理が終わっちゃおうとオッパイがなくなろうと、女は変わらず死ぬまで女ですよ。そんな瑣末《さまつ》なことで、女になったりなくなったり、してたまるかい！

口が曲がっても言うもんか、と思います。

「女のたしなみ」も引っかかります。それを言うなら「人としてのたしなみ」あるいはただの「たしなみ」じゃないですかね。

「女の分際で」「女だてらに」「女のくせに」というのもありました。

「女だてらに男の子とチャンバラごっこやるなんて」

「女のくせに政治の話に口出すなんて」

「女の分際で大学に行こうなんて」

幸い、これらは時代とともに消えつつあるようです。女、強くなりましたからね。いまや、うっかり口にはできなくなっています。

「嫁のくせに」というのもありました。

「嫁のくせに生意気な口をきく」

「嫁の分際で最初に風呂に入ろうとする」

この小さな枕詞で、どれだけの女が理不尽に泣かされてきたことか。

この「嫁のくせに」も、嫁が強くなってしまったせいか、あるいは姑がもっと楽しい人生を見出したからか、最近は勢いが衰えてきているような雰囲気です。

でも、その代わりというのか、しっかり別の言葉が大手を振って横行しているのですね。

「一家の主婦なのに」がそれです。「母親のくせに」というのもある。「妻のくせして」もそうだし、逆に「結婚もしていないのに」というのもあります。「人妻なのに」もあるし「子供がいないくせに」もその類でしょう。

「一家の主婦なのに、帰宅が一番遅いんですって」

「母親のくせに、ハンカチにアイロンもかけてあげないらしいのよ」

「妻なのに、毎朝ご主人にゴミ出しなんかさせているらしいし」

「人妻なのに、男友達と飲みに行ったりするんですって」

などなど。それを女同士で言い合っているわけです。ひとつのパターンを押し付け、縛り合っている。

でも、それってお互いにとって、ちっとも得ではないわけです。

母である苦労、主婦である憤懣、妻としてのやるせなさ、子供のいない悲しみなどなどを、十分わかり合い理解し合える立場の女同士ぐらい、枠にはめてお互いの足を引っ張り合わずに、もっと支え合っていいのじゃないですかね。

前にも触れましたが、私、夫と中学生だった息子と離れ、一人ローマで大学生をやったことがあるんです。このことは以前本にも書きましたし、長くなるのでここではあまり語りませんが、簡単に言うと、スリランカに転勤していく夫や息子を見送り、一人さっさと大学編入の手続きをして、当時、家族で駐在していたローマに残ってしまったのです。

イタリアがすっかり気に入って、ぜひとももう少し勉強したい、探求したいと思ったからだったのですが、当然のように四方八方から猛烈な批難を浴びました。

いわく、妻のくせに夫の転勤についていかないなんて。いわく、母親のくせに息子と離れて暮らそうなんて。いわく、一家の主婦が家庭を犠牲にしてローマで学生やろうだなんて……。

批難は男性からも女性からもありましたが、陰では言っていても、面と向かって攻撃するのは遠慮したらしい男性たちと違って、女性からの批難は、はるかに厳しく痛烈でした。

付き合いもない、よそのオバサンからも叱られたし、口をきいてくれなくなった人も一人や二人ではありません。絶交だって宣言されもしたし、とにかくいろんな人にとって、私の選択は、実にけしからんことだったらしいのです。

古いコチコチ頭のオヤジが言うならわかります。夫と同じ立場の男が、我が身に置き換え身につまされ、批難するならそれもわかります。でも、フタをあけてみれば、最も厳しい刃を向けてくれたのは、主婦になっても夢は捨て切れない女の思い、子供がいようが自分の人生だって大事にしたい母の思いを一番よくわかってくれてもいいはずの、女性たちだったのです。

以来、私は「妻なのに」とか「母親のくせに」などという言葉は使うまい、と心に決めています。自分が使わないだけでなく、世間に横行するそういう言葉にも、大いに突っかかり戦っていこうとも思っているわけです。女がもっと自由に大らかに生きられる世の中にするために。というか、自分が自由になるために、でありますけどね。

ただ、我ながら厚かましいとは思うのですが、「女の特権」「女性割引」「レディースデー」あたりは、そのままそっと残しておきたい、ところではあります。

#「いつまでも輝いていたい」などと口にしない

私だけなんでしょうか、いちいちこんなことで、腹立たしくなるのは。

ほら、女性誌のインタビュー記事やテレビのトーク番組で、いわゆる有名人、ファッションリーダーといわれる人たちがよく口にしてますでしょ。あるいは新聞の投書欄や街頭アンケートで、市井の庶民までもが口にしていますでしょ。

「だって、いつまでも輝いていたいですから〜」

という一言。

「毎朝、キナコと青汁の特製ジュースを飲んで、スクワットやっていますの。だって、いつまでも輝いていたいですから」

「つらくったって悲しくったって、いつも笑って生きようと思うんです。だって、いつまでも輝いていたいですから〜」

「五十過ぎたって、いろんなことに挑戦するんです。いつも前向き、年だからなんて思わない。だって、いつまでも輝いている私でいたいですものね」

などなど。


もちろん、言っている内容は正しいですよ。はつらつと生きるということは大切だし、そういう努力は間違いではないし、頑張る姿は美しい。

でも、それを「いつまでも輝いているため」と表現するところに、どうにも人間の浅さを感じてしまうわけです。

「輝いている」というのは、まわりには石ころみたいなのがゴロゴロいるけれど、その中で自分は一人、ひと際生き生きと光り輝いて目立っている、とそういう意味ではなかったか。

ってことは、「いつまでも……」と口にするお歴々は、

「とりあえず今のところ、私はその辺のオバサンなんかと違って、ずっと目立ってステキな女なんだわ」

と自ら認め、それを照れもせず疑いもせず、はっきり口にまで出して宣言している、

ということではありますまいか。

それって、ものすごく厚かましく、図々しくはないですかね。

そういう台詞を吐く女というのは、決まってちょっと美人で、ちょっとお洒落だったりするのです。ヨーロッパのセレブの暮らしだとか、ステキなキッチンだとか、聞いたような気取った生活を主婦たちに説いたりしている。メディアなどで「憧れの対象」なんぞとおだてられ、「そうだわ、やっぱり私ってステキなんだわ」と信じているに決まっている人たちなのです。

信じているからこそ「いつまでも輝いている自分」なんて台詞が恥じらいもなく、ホイと出てくる。

いやあね、そういうの……と思うわけですが、これって、相当にひがみっぽい見方でありましょうか？

正しき大人の女は「いつまでも輝いている私」などと、甘ったるい砂糖菓子みたいな台詞を口にしないものではないか。今の自分を何様とも思っていないし、年をとっていくことが輝きを失うことだとも思っていない。「輝いている」なんて言葉のうさんくささにも、なんとなく気づいている。そうでありたいと思うわけです。

仮に、百万人の人からあなたは輝いている、あなたは輝いている、としつこく念を押されても、

「いえいえ、とんでもない」

としっとり微笑み、もう、そんな話はやめましょう、と話題をそらすぐらいの余裕がある。そんなことでいちいち調子に乗らない、賢い女でありたいものです。人間それくらい、地に足がついていなくっちゃ。

そんなこと言ったって、人間放っておけばどんどん老化して、肌の張りは衰える、容姿も衰える、髪のつやもなくなってしまうでしょ。世間からも男からも相手にされなくなって、運動能力も劣ってきて、下っていくばかりじゃない。今、ようやく確保している「輝き」を、失いたくないと思うのは当然じゃない、なにがいけないのよ……とアナタは言いたいかもしれない。

それが今までの常識だったかもしれませんけれど、それじゃあ、年をとることが楽しくないじゃないですか。

私たちが目指すべきは、

「これからどんどん輝いていく私」

じゃないですかね。

「まだまだ、こんなもんじゃない私。これからが花、の私」じゃありますまいか。

ピカソも片岡球子も、年とるほどに力強い作品を生み出してきたではないですか。本当にうまい俳優さんって、年をとるごとに円熟味をかもし出す人でしょう。若くして出世した作家より、遅咲きの作家のほうが、味わい深い作品を残していませんかね。キンさんギンさんなんて、花を咲かせたのは、百歳過ぎてからだったではありませんか。

キンさんギンさんが、百過ぎて言うならともかく、今のアナタが、

「いつまでも輝いていたい」

なんて言っているようじゃいけません。言うべきは、

「これから輝いていこうよ、私」

であるべきなのです。

「いつの日か輝けるよう、努力していかなくちゃいけませんね」

ぐらいの台詞をきりりと控えめに、しかも毅然とさわやかに言ってやりましょう。

間違いなく人は「本当に輝いている女性は、さすがに言うことが違う！」と絶賛してくれるに違いありません。

言い訳をしない

昔と比べればずいぶんとよくなったはずですが、それでも、いまだに中年過ぎて女性が仕事を得ることは、難しい世の中です。

子育てや夫の転勤、親の介護で、一時仕事を中断しなくてはならない事情が女にはたくさんありながら、でも、再就職は難しい。

難しい上に女の場合、家庭があったりすると、生活のために何がなんでも働かなくちゃならない、という逼迫状態ではないことも多いわけです。口では「働きたい」と強く言っていても、ついつい、無意識のうちに仕事の選り好みもしてしまいます。

「働きたいけれど、やりがいのない仕事には就きたくないわ」

などという贅沢な台詞を吐けるのも、まあ女の甘えでもあり、幸せなところでありましょう。

それはそれで、いいのだと思うのです。仕事を得られるか得られないかは、ほんの小さなタイミングの差であったり、チャンスの差であったり、環境の差であったりすることが多く、得られないのは時の運、とそう気楽にかまえりゃいいのです。

選り好みするのも、ある程度は当然のことで、傍から見ればそりゃあ、何様だと思ってるんだい、とあきれるような選り好みであっても、当人としてはゆずれないところなのかもしれないから、それもそれでいいのです。

それも人生、あれも人生。

ただ、ひとつだけやってはいけないことがあるような気がしています。そこにまた、女の器の差、成熟度の差、大人の女といえるかどうかの差が見えたりしちゃうわけですね。

すなわち、

「私はね、ずっと仕事を続けたかったのよ、それだけの能力も意欲もあった。でもね、子供を保育園になんか、とてもじゃないけど預けられないじゃない。子供たちだけで放っておくなんて、私にはとてもできなかった。それに夫は家庭のことなんか何もしない人だから、あてにはできないでしょう」

なんぞと言うこと。さらに、

「ようやく子育てが終わっても、もう、この年じゃあ、仕事なんかないわよ。あるわけないのよ。もう、手遅れなのよ」

なんぞと続けることです。

まさに、その通り。おっしゃる通りであるわけです。子供のため夫のために、私たち女は仕事を辞め、チャンスを逸してきています。家族思いの女ほど、優しい女ほど、仕事を捨ててきていたりするのです。

まったくその通りであるわけですが、そして、私自身もそう言って、周囲に八つ当たりしてきたわけでありますが、本当に心底、仕事をずっと続けたかったら、それはそれで方法はあったはずなんですね。

夫が何もしない人ならば、ちゃんとする人に育てればよかった。子供の環境を整えたかったら、探し回れば何かあったはず。再度仕事を得たいのなら、もっと必死になれば絶対にあるはずなんです。

どこかに、ズルズルと楽なほうに流れてきた自分がいる。いい話が降ってくるのを待つだけだった自分がいる。だって女なんだもの、と甘えてきた自分がいる。そういう自分を直視しようとしない自分もいる。

でも、そういうところが、「女ってこれだから嫌なんだよな」と言われる所以《ゆえん》でもあるわけです。

言い訳をしない女でいたいものです。潔く生きていたいじゃありませんか。

そもそも冷静に考えれば、言い訳したところで、人からはミエミエであるわけだし、それで見逃してもらえることはあっても、評価されることはないんですよね。女を下げ、評価は下がり、いいことなんかひとつもない。

言い訳がましい女、と見られるのと、潔い女と見られるのと、どちらがよいか。答えは明白でありましょう。

仕事のことだけではありません。ダイエット、ダイエットとあれだけ決意していたはずが、あれ、挫折しちゃった？　ってこともよくあるわけです。そういうとき、

「ほら、ダイエットばかりして、体壊したり、生活に潤いがなくなっちゃ元も子もないじゃない」

なんぞと言い訳する人って、必ずいるんですよね。あんまりダイエットに成功されても困りますから、周囲の私たちは、

「そうよねぇ。体壊したりしたら、元も子もないわよねぇ」

なんてうなずいたりしてあげますが、要するに根性ないのよね……と腹の底で思ったりしているわけです。

資格、絶対取るわ、って張り切ってあっちこっちで吹聴していたくせに、

「合格率低いわりにはあんまり実のある勉強じゃないのよ。ガリガリ勉強漬けになって大事な人生無駄にしたくないでしょ。もっと、有意義なことしようと思って……」

と言い訳して回ったのは、他ならぬ私です。……今さらながら恥ずかしい。

まだまだいます。絶対アイツとは別れるわ、と宣言しておきながら、ズルズルやっぱり別れられなくて、

「まあ、彼のいいところもわかるわけだし」

なんて言う人。

約束は必ず守る、と言いながら、結局守れなくって、

「あなたにはわからないだろうけれど、こっちは忙しいのだし、大変なんだから」

とむしろ開き直る人。

言い訳はやっぱり、美しくないですよね。大人の女の美学に反します。

でも、じゃあ、どうするか？　でありますよね。どうやって美しく優雅に、かつ、したたかに言い逃れしていくか。

手はあるんです。言い訳せずに、むしろ好印象を与えてその場をうまくかわす方法。

「いたりませんで……」

って言っておくんです。これだと潔く下手に出るふうでありながら、相手にこれ以上突っ込ませない崇高さがある。

あら、毎日走るとか、宣言していなかった？　もうやめちゃったの？

「いたりませんで……」

もう、バーゲン品には手を出さないって、言ってなかった？

「いたりませんで……」

甘いものは控えるとか、この間言ってたわよね？

「いたりませんで……」

でもこのとき、本当にいたらないヤツだと信じられても困りますので、あまり謙虚に控えめに言わないほうがいいかもしれません。コツとしては、やや首をすくめる感じ、ちょっとオチャメな感じ、面従腹背っぽく言うことですかね。

お互い、そういうのは得意だったりいたしますし。

考えるより先に行動する

そういえば、と思います。

子供の頃「行動する前に、まずはじっくり考えなさい」とよく言われたものでした。たいていの子がそうだったんじゃないでしょうかね。車を確かめずに道を渡ろうとしてしまう。問題をよく読みもせず、テストの答えを書こうとする。お年玉を後先考えずに全部使ってしまう……。

言われて当然、それは肝に銘じるべき大事な教えであったのです。

大人になり、経験を積み知識を増やし、みごとに思慮深くなりました。でも、代わりに失うものもあったわけです。

それは若さでしょ、とおっしゃりたいでしょうが、違いますよ。若さというよりバカさ、ですかね。向こう見ずさ、一途さ、無謀さ、といったもろもろのもの。

気がつくと、何かと動かなくなっている自分がいます。あれこれ考え思い悩み、結局何もせずにすませてしまう。

バーゲンで、お買い得のカシミアのコートを見つけたりしますよね。一枚は欲しかったカシミアのコート！　買おうかな、と迷うわけです。店員さんは「お似合いですよ」とか言うわけです。「これ、昨日まで定価で売っていたんですよ、こんなに安くなること、めったにないですよ」とも言うのです。

買いたいな、と思いますよね。でも、いろいろ考えるわけです。ついこの間もセーター買っちゃって、今月は少し使い過ぎだしな。値段的にはお買い得だけれど、要するに売れ残ったものでしょう。そういえば、デザインがやや古いかも。こういうデザインはあまり応用がきかないし、着る機会は少ないかもしれない。今持っているのもまだ、十分着られるし。でも、こんなに安く買える機会はなかなかないし……とあれこれあれこれ、考えるんですね。

で、少し面倒になる。決断するのって案外おっくうなんです。もう少し考えよう、と思うわけです。そうやって「考えよう」となったらまず、買うことはない。私たちの「もう少し考えよう」は、たいてい「面倒になっちゃったから、また、そのうち考えることにしよう」ってことなんです。

結局、安くなったカシミアのコートは人様の手に渡り、節約にはなるけれど、定価じゃとても買えないカシミアのコートを颯爽と着るチャンスを失うというわけです。

こと、コートのことですむならいいです。でも私たち、こういう思考が人生のあらゆる場面を支配し出してはいないでしょうかね。いつの間にか、あれこれ考え、迷い、面倒だからやめようという思考になってしまっているのではないか。

大分前のことですけれど、女同士集まって起業でもしましょう、という集まりがありました。なにしろ今時の中堅女性はエネルギーみなぎっちゃっていますからね。年齢を云々されて再就職が難しいなら、私たちで事業を始めましょう、というわけです。

何度か集まり、喧々諤々、何ができるかさんざん検討し合って、その会は結局何ひとつ成果を上げることもなく、自然解散となったのでした。

いろいろ話し合ううちに、なんだか面倒になるんですよね。すると、

「私たちが思いつくことは、他の誰かも思いついているはずだし」

と誰かがきっと言い出すわけです。

「私たちがやっても、しょせん小さなことしかできないし」

「家のことを犠牲にはしたくない」

「子供の受験ももうすぐだし……」

と、次第に「できない」理由ばかりが次々に出てきて、話は限りなく消滅に近くなる。

おいおい、と思うものの、つい自分だって、

「うっかり起業して忙しくなると、自分の時間がなくなっちゃうしなぁ」

と考えていたりするんです。気がついたら私だけが頑張っていた、なんて貧乏くじ引きたくない、とも思いますし。

ま、確かに起業となるとリスクは大きいですよ。そう簡単に踏み出せることではない。でも、どうでもいいときでも、なんとなくこう。女同士で旅行でもしましょ、という話が持ち上がったりしますよね。

「みんなで都合つけ合って、行こうよ」

という話です。絶対この日じゃなくちゃ、とかいう話ではない。大分先かもしれないけれど実現させたいね、というその程度の話です。

でも、最初は「いいね、いいね」と言っていても、話が具体化するにつれて、「う〜ん、子供の受験があるし、それが終わると家の修理もあるし、なんとなく、落ち着かないからな」

と思ってしまったりするんですね。

「親の介護も控えているしね」

「主人がねぇ……」

結局、「行きたいね」という話だけで、旅行話はたいてい、それっきりになります。家族の了解を得る煩わしさとか、ちょっといつもとは違う行動をする面倒くささとか、そういうことが先に立ってしまうのかもしれません。

あえて言っちゃいますけれど、女の計画ってのは、こういう結末で終わることが極めて多い。話だけで、実行まで行きつかないんです。

「何もしないことで身を守る」ってことが、なんとなく身についてしまっているのではないですかね。これまでいろんな失敗も重ねているし、しがらみもさまざま増えて、あれこれ考えリスクを思うと、ついつい面倒になってしまうからなのでしょう。思慮深くなったともいえるけれど、行動するエネルギーが弱くなっている、ともいえる。

だからこそ、と思うんです。

私たちはきっと、「考える前に行動する」くらいがいいんです。考えない。まずは行動しちゃう。その後から考えたって結果にさほどの違いはないんです。でないと、どんどん面倒になって、どんどん何もしない女になるのではないでしょうか。

「どうせ、私が動いたところで何かが変わるわけでもないし……」と。

旅行の話ならそれでもいいでしょう。お遊びの話ならそれっきりでもいい。でも、世の中には、地球温暖化や環境汚染や引きこもりや幼児虐待や、もう、なんとかしなくてはならない問題が、山のようにあるんですよね。そして、それらのことは「そのうち、誰かが考えてくれる」ことでもないし、「私たちが動いたところで、なんとかなるわけではない」ことでもない。

チェンジというのは、待っていてもダメなんです。アナタが、自分が行動しないと。

「そんなこと言われたって……」

と思いますよね。実際、行動するという行為は、思った以上にエネルギーのいるものです。でも、「ほんの小さな一歩」を踏み出す、ということなら、すぐにもできそうではありませんか。

仕事をしたいと思ったら、まずは就職情報誌を買ってみる。環境問題をなんとかしようと思ったら、まずはエコバッグを持ち歩く。体を鍛えようと思ったら、とりあえず今日これから走ってみる。

それからのことは、その後考えればいいのですよ。一歩前に出ることで、きっと何かしらの道が見えてくるような気がします。……とこれは、我が身にこそ、言いたいことなんですけれど、ね。

蛇足ですが、バーゲンの洋服だけは、確かによく考えずに買ってしまうと必ず失敗しますので、まずは行動の「小さな一歩」は要注意、と心得たほうがいいかと思われます。

ライフワークを持っている

在野の民俗学者・吉野裕子さんが民俗学の研究を始めたのは、五十歳のときだったそうです。専業主婦だった吉野女史は、日本舞踊のお稽古の際、なぜ扇を持つのか興味を持ったのですね。そして、扇についての調査を進め、沖縄にまで出かけ、本にまとめ、ひとつ終わると次なる謎を調査し、また本にまとめ……。そうやって四〇年以上も研究を重ね、全集まで刊行し、九十歳過ぎても現役で原稿執筆を続けていらしたそうです。

オオーッ、と思いますよね。素晴らしいです。こういう方もいるのだ、と励みに思うし、五十歳から始めても、何かを成すのに十分間に合うんだ、と嬉しくなります。

我が姉貴分であるエッコさんは画家です。もっとも、ときどきは作品が売れるものの、残念ながら、いまだ持ち出しのほうが多いようです。

だったら、そういうのは趣味というのだろう、と言う人もいそうですが、誰がなんと言おうと彼女は正真正銘の画家です。絵を描くことはエッコさんの必然であり、人生であるのですから。

私がエッコさんと知り合った二〇年前、彼女は一人の主婦として、三人の子供を育て、家事やったりPTA活動やったり宿題見たりしながら、公務員住宅の狭い和室でコッツ絵を描いておりました。夫のお給料では、画材の費用を捻出するのも大変そうで、節約に節約を重ねてやりくりしているようでした。

その頃、彼女に聞いたことがあります。なんで、そんな苦労をしてまで絵を描いているのか、って。売れもしないのに、という意味合いを私は含んだのだろうと思います。

「描かずにすむなら、どんなに楽なことか」

それは痛烈な答えでした。

体の中から湧き出る情熱が、抑えられないのだと語ってくれました。

その後子供たちも成長し、それぞれに巣立って母としてのひと通りの責任も果たした今、エッコさんは晴れて絵を描くことを生活の中心に置き、安く借りたアトリエに毎日通って、作品を生み出しています。最近はすっかり画風にも迷いが消え、海外からも評価を得、毎年必ずどこかで個展も開いて、着々と画家としての地位を確立しています。それでも、相変わらず画材や個展の費用に苦労している様子です。もっと評価を得ていいはず、という不満は当然あるし、時間がどんどん過ぎていく不安もあるらしい。でも、だからといって焦る様子はさらさらなく、ときに孫の世話をし、家族が集合するときは一手に料理を引き受け、家庭菜園も、旅行もしながら、ひたすら淡々と絵を描き続けているのです。

このエッコさんをオバサン呼ばわりする人はいないでしょう。年齢でいえば十分すぎるぐらいにオバサン年齢であるし、ウォーキングシューズ履いて草木染めのお洋服着て、自然食にこだわるところなんざ、ある種のオバサンの姿そのままなのでありますが、それでもエッコさん相手に、人はオバサン呼ばわりできないだろうと思います。

うっかりそんなことをしたら叱り飛ばされそうだ、ということもあるわけですが、ひとつの道をブレることなく意志強固に進んでいる女性の存在感というのでしょうか、人はそこに畏敬を感じても、「オバサン」なんぞと軽く扱ったりはできないようです。

冒頭の、民俗学者の吉野さんに対しても、家族以外で「おばあちゃん」なんて呼びかける人はいなかったのではないか。

若いとか若くないとか、美人だとかお洒落だとか、お母さんだとかオバサンだとかバーサンだとか、そういう世俗的なレベルをはるかに超えた、「人間」としての圧倒的な存在感ってあるんですよねぇ。そして、そういう存在感ある自分でいたいです。

人は、自分の仕事を持つべきなのだろうと思います。男だろうと女だろうとそうだし、若い頃だって仕事を持つべきですが、ある程度人生をやってきた人は、ぜひとも本当の「自分の仕事」を持つべきなんだろうと思うわけです。

ここでいう「仕事」とは、生活の糧を得るためというのではなく、自分が社会に対してやるべき何か、でありましょうか。

評価を得、十分な収入を得られればそれに越したことはないでしょうが、収入につながらなくてもいいのです。むしろほとんど収入にはならないし、だから、人はあまりやろうとはしないけれど、地球の隅で誰かがやってくれれば、きっと人の役に立つだろう、そういう「何か」のほうが、価値は高いのだろうとも思います。

自分が生きてきた証として、世の中のために自分ができる何か、自分こそやるべき「これだ！」と思える仕事。

それを「ライフワーク」というのだろうと思うのですが、人間としてのひと通りの基礎を固め成熟したこれからこそ、私たちは見つけていくべきじゃないですかね。

「私ゃ、そんな立派な女じゃないわよ」

とは思いますよね。

「ライフワークだなんて、そもそも何やっていいか、わかんないわよ」と。

そうなんです、まさにそうなんです。私もぜひとも、マイ・ライフワークを見つけようと悶々としているのですけど、世の中のためなんてそんな大それたこと、柄でもないし、とんでもないとも思いますし。

でも、立派なことではないけれど、自分が生きた証として何かをやっておこう、というのなら見つけられるかも、という気はします。何かの役に少しでも立つなら、それに越したことはないでしょうが、そうでなくてもきっと、自分が好きで楽しくて、続けていけることでいいんですよ。

ブログで料理のレシピを紹介している人もいます。古文書を読むことに打ち込んでいる人もいます。家庭菜園だって、ランチ食べ歩きだって、韓流スターの追っかけだって、とことんやれば、誰はばかることないライフワークとなるのではないか。

「そういうのって単なる趣味とか、お遊びっていうんじゃないの？」

そう、疑問を呈されても、

「いいえ、趣味じゃないんです、これは私のライフワークなんです」

ときっぱり公言しちゃえば、こっちのもの、という気もします。

「え？　また、温泉行くの？」

と詰問されても、

「ええ、ライフワークですから」

と言えばいいんですしね。

人生って、これからが面白そう！　と思いませんか？

若い頃よりいい顔になっている

高校時代の同期の集まりで、誰かが卒業アルバムを持ち出してきたことがありました。卒業してウン十年、過去に何度も見ている写真でありますが、今の当人と十八歳当時の顔を間近で見比べると、いやあ、その変貌ぶりには感慨深いものがあるわけです。

それにしてもアルバムの中の男子たちは、ジャニーズ事務所に入れたいくらい美しく、かつ凛々しく痩身でありました（そうでないのもいましたが）。女子たちは輝くばかりの肌に、恥ずかしそうに浮かべる笑みが清純で、甘い香りがただようようでありました（そうでないのもいましたが）。みんな、昔はこんなに美しかったんだぁ、と改めて驚きましたね。若い子がいいという世間の目も、なるほど、そうだろうなと納得もできる。

そうして再度、目の前の中高年（中堅と呼びたいですが）に突入した自分たちの顔に目を移しますよね。一様に太り、髪も薄くなり白髪も増え、シワもシミもできてみごとなオバサン顔、オジサン顔が並んでいるわけです。

あんなに昔は美しかったのにね、年とったね、とは思うものの、じゃあ、どちらが好きかというと、決してあの希望に燃えていた若い頃の顔ではないのです、これが。

今の顔っていい顔じゃない、と思ってしまうんですね。

若く美しかったかもしれないけれど、世間知らずで自分勝手で、もろいくせに自意識ばかり強かったあの頃。軸が定まらず、自信のなさばかりが浮き立っていたあの頃。その頃と比べたら、味があるというか温かみがあるというか、今のオジサンオバサン顔のほうがずっといい顔なのです。さまざまなことを経て丸くなり、人のことも世の中のことも、清濁併せ呑む奥行きがある。好きか嫌いかと考えると、今の顔のほうと楽しくお酒飲めそう、と思いますもんね。

一人がしみじみと言いましたっけ。

「みんな、いい顔になったよな」って。

すかさず別の一人があとを継ぎました。

「うん、それってお互い、いい年のとり方しているってことだよな」

ホント、そうだよね。みんないい顔になっていってよかったよ、と一斉に賛同し、その晩は実にいい気分で、お開きとなったのでありました。

これってほとんど自画自賛で、自分たちで誉め合っていたら世話ないわ、勝手にやってろ、という類の世界ですけれど、でも、ここに確かに真実があるんです。

若い頃にはわからなかったことなんですけれど、人間って、年がいくと、きれいだとか、イケメンだとか、鼻が高いとか目がパッチリしているとか、そういう皮一枚の評価ではなくなるんですね。

見る側がそもそも、大人になって目が肥えてきて、そういう表面だけのことで人を見なくなる、ということがまずあるわけです。

年齢を積むメリットの大きなひとつ、でありましょうが、「人を見る目ができてくる」のですね。

会って数分言葉を交わせば、相手の人間性のかなりのことがわかるような気がしますもの。私ってオトナになったのね、と感心するところなんですけど。

それぐらいになりますと、きれいな顔の奥の高慢ちきなところも見えるし、高い鼻の後ろの、鼻持ちならない性格も、わかってしまう。だから、単純に人を表面上の美醜じゃ、判断しなくなるんです。

それと同時に、人はみな、一律に老いていって、顔の美醜の差が、限りなく誤差の範囲に近づいていくんですね。ほら、「かつてきれいだった」という人は存在しても、「きれいなオバサン」とチヤホヤされる女はいなくなっていますでしょ。

それどころか、下手すると、昔美人だったり、昔ハンサムだったりした顔のほうが衰え方が大きかったりする。

なぜなんでしょ。「昔はあんなにきれいだったのに」という記憶と現実のギャップがそういう印象を与えるのでしょうかね。

まあ、私としては、ザマーミロというところなんですが、とにかく、若い頃、あんなに重大事だった皮一枚の美醜が、ほとんど問題にされない世界に突入するわけです、年を増していきますと。

そして、とって代わってじわじわ本領を発揮するのが、まあ、あまりに陳腐な言い方ではありますけれど、その人の中身、生き方なんです。

四十過ぎてからの顔、というのは怖いものだと思います。どんなに取り繕おうと、その人が歩んできた人生をくっきり透かし見せてしまっている。持って生まれた顔とはおよそ無関係に、生きてきた道のりをあからさまに表してしまっていますから。

いい人生を歩んできたのか、無駄に怠惰に生きてきたのか。信頼していい人なのか悪い人なのか、狡猾なのか正直なのか、味わいのある人かつまらない人か。さらにはその人の思想、哲学、価値観、美意識までも想像できてしまいますものね。

「四十過ぎたら自分の顔に責任を持て」と昔の人は言いましたが、先人の教えはもっともだったのです。

そういう責任を持つ年になり、さてでは、評価される顔というのはいずれや、と問うと、それは「いい顔」なんですね。美しい顔でも整った顔でも鼻が高い顔でも小顔でもなく、ただ、「いい顔」かどうか。

でも、「いい顔」ってどんな顔なのでしょ。

強くて毅然としていて、でも穏やかでギラついていない顔。目の輝きから知性と健康的な好奇心がただよい、目じりのシワから大人の余裕がうかがえる顔。皮膚の衰えから気品のただよう顔でもあり、要するにいい人生を歩んでいる顔。

アハハと笑ってしまうくらい実にシンプルでシンドそうですけれど、生まれながらの美醜でもなく、若さという取り返せないものでもなく、今後歩む生き方次第で、いい顔にも悪い顔にもいかようにもなる、と思えば、希望も期待もフツフツ湧いてきそうじゃありませんか。

若い頃より、いい顔になっている、と言えますか？

「もちろん、なってますとも！」

そう言ってやりましょうよ。

最後に、宮沢賢治風のまとめを。

雨にも負けず
世間の風にも負けず
老化にもメタボにも負けぬ
丈夫なからだをもち
慾は少しあるけれど、強欲ではなく
社会の不条理に断固怒りはすれど
いつも静かに口角を上げて笑っている
一日に太らない程度の食事と
読書とウォーキングをし
あらゆることを
自分を勘定に入れないふりして
よく見聞きし分かり
そして忘れそうならメモをしっかり取り
日本の片隅の精一杯居心地よくした
小さなウサギ小屋にいて

東にろくに敬語を使えない子供あれば
行って「違う！」と直してやり
西に「もう若くないから」などとボヤく母あれば
行って「女はこれからよ！」とカツを入れてやり
南に「オバサンって嫌よねぇ」とほざく人あれば
行って「どこがいけないねん！」と正してやり
北に旅行や飲み会の計画があれば
面白いから、やろやろ、といい
日照りの時は環境問題を考え
寒さの夏は経済問題に心を寄せ
みんなに「成熟した大人の女」と呼ばせ
褒められはしないけれど
それなりの存在感はある
そういう女に……
なってやろうじゃありませんか！

ディスカヴァー携書 023
女性の見識

発行日 2008年 5月20日 第1刷

Author 神谷ちづ子

Book Designer 水戸部功
長坂勇司(フォーマット)

Publication 株式会社ディスカヴァー・トゥエンティワン
〒102-0075 東京都千代田区三番町8-1
TEL 03-3237-8321(代表)
FAX 03-3237-8323 http://www.d21.co.jp

Publisher 干場弓子

Editor 橋詰悠子

Promotion Group
staff 小田孝文 中澤泰宏 片平美恵子 井筒浩 千葉潤子
早川悦代 飯田智樹 佐藤昌幸 横山勇 鈴木隆弘
山中麻吏 吉井千晴 山本祥子 空閑なつか 猪狩七恵
山口菜摘美

assistant staff 俵敬子 町田加奈子 丸山香織 小林里美 冨田久美子
井澤徳子 大薗奈穂子 古後利佳 藤井多穂子 片瀬真由美
藤井かおり 三上尚美 福岡理恵 長谷川希

Operation Group
staff 吉澤道子 小嶋正美 小関勝則
assistant staff 竹内恵子 畑山祐子 熊谷芳美
清水有基栄 鈴木一美 田中由仁子 榛葉菜美

Creative Group
staff 藤田浩芳 千葉正幸 原典宏 三谷祐一 石橋和佳
大山聡子 田中亜紀 谷口奈緒美 大竹朝子

Proofreader 文字工房燦光

Printing 共同印刷株式会社

ISBN978-4-88759-637-5